チームを活かす

建築現場の施工マネジメント入門

木谷宗一 著

彰国社

カバー基本デザイン　木谷宗一
カバーイラスト　川﨑一雄（川﨑パース工房）
ブックデザイン　宇那木 孝俊（宇那木デザイン室）

はじめに

「建築」は「人」で成り立つ「生業《なりわい》」です。このことは、古来、変わることなく、ＤＸ時代の到来を迎えた今日においても普遍の原理であると考えています。

日本には「棟梁《とうりょう》」という言葉があります。「大工の棟梁」という言葉がなじみ深いですが、平安時代には「武家の棟梁」という使われ方もし、その意味するところは「組織や仕事を束ねる長」のことでした。

最近では棟梁と呼ぶこと自体が稀かもしれませんが、現代風に言えば「現場代理人」とほぼ同義語です。よって現場代理人とは、その役割における長い歴史をふまえると「現代棟梁」と呼ぶのが相応しいのではとも思います。建築にとって、この「現代棟梁」をいかに育てるか、いかに活躍させるかが、とても大事なことだと思っております。

一つエピソードをお話ししましょう。

名古屋城は、慶長17（１６１２）年、徳川家康の天下普請により、石垣の完成後、天守閣を半年で築造したと伝えられています。その立役者となったのは、大工頭の中井正清という人物でした。正清は、法隆寺の宮大工の家に生まれましたが、築城にその才を発揮し、大坂城、二条城をはじめ江戸城など名だたる城の築城を果たしています。

ＮＨＫのテレビ番組「歴史秘話ヒストリア」で取り上げられた逸話があります。正清は独創的な建築手法に秀でただけでなく、今で言う組織マネジメント手法に優れ、一人ひとりの職人のやる気と底力を引き出す分業体制を敷き、モチベーションを高めるための細やかなコミュニケーションを実行していたと伝えられています。大工頭として、大勢の職人の差配だけでなく、木材などの調達、職人の手配、勘定役を担い、棟上げ・竣工日厳守まで工事を統括し、短期間で良い結果を出したそうです。私は、これこそが「現代棟梁」の目指すべき理想像ではないかと感じています。

建築施工において「技」とは、関連するハード技術に留まらず、法律や規格・基準等の形式知をも使いこなす「ハードマネジメント力」のことをいいます。一方、法隆寺の棟梁 西岡常一氏が言われたように、「建築を纏め上げるには人を束ねる人組み」という「ソフトマネジメント力」があります。これらは、伝統建築だろうが超高層ビルだろうが、あらゆる建築において今も昔も変わらず重要な「能力」だと思います。

大きな仕事を担おうとする若い建築技術者にとって、修行時代にはハードマネジメントの習得が中心となります。しかし、ベテランの域に達したら、次第にハードに加えてソフトマネジメントの習得に時間を費やさなければなりません。その理想像は、「魅力ある作業所長」だと思います。最終目標は、中井正清に負けない「マネジメントの達人」になることだと思うのです。

さて、「現代棟梁」は一棟の建物を建てるのに何人くらいの職人さんをマネジメントするのでしょうか。建物種別や規模によって様々ですが、大規模な再開発プロジェクトでは、延べ百万人にも及ぶ人が必要とされます。彼らが無駄なく仕事をすることにより建築事業が成り立ち、個々人の生活が成り立ちます。それを左右するのは「現代棟梁」であり、その力量はすべてに大きな影響を与えます。

このように、たくさんの人たちをマネジメントする職業は他の業種には見受けられません。「現代棟梁のやり甲斐」は、まさにここにありと確信します。

古今東西、「建築現場のマネジメント」について書かれた本はあるのか調べてみました。
日本建築には、有名な「規矩術《きくじゅつ》」というものがあります。これは木造建築において、「木組み」をするために曲尺《かねじゃく》や規《き》（コンパス）を用いて仕口や継ぎ手を幾何学的に墨付けする技ですが、代々、ハード技術として伝えられてきました。一方、ソフトマネジメント力については、法隆寺棟梁 西岡常一著『木に学べ――法隆寺・薬師寺の美』（小学館、１９８８）にある、「代々、口伝によって伝えられてきた奥義《おうぎ》」をひも解くと、このような言葉が見つかりました。

一、木の癖組は工人《こうじん》等の心組《こころぐみ》
一、工人等の心組は匠長《しょうちょう》が工人等への思いやり
一、百工あれば百念あり。一に統《す》ぶるが匠長が器量也
一、百論一つに止まるを正とや云ふ也
一、一つに止めるの器量なきは謹み惶《おそ》れ匠長を去《され》

書かれているのは、「人を活かす」という一点です。〆の言葉は、できない者は去れ、とまでの厳しい言葉でした。残念なのは、この奥義にも具体的にどうせよと書かれていないので、この先は自ら考えなければなりません。

「マネジメント力」は暗黙知のウェイトが高い。対象は人だけに留まらず、モノやコト、自分自身の行動など多岐にわたり、言葉に置き換えるのがとても難しく、上手く伝えることができませんでした。

マネジメントは、すべてのリスクがゼロになる選択はないので、全体のバランスを勘案し、苦渋の決断していくこともあるため、「常に曇天であり、晴天はない」と言われますが、暗黙知を獲得することにより、三つの価値を得ることができます。

ものづくりに欠かせない「施工マネジメント力」の神髄を知ることができる

先人の奥義を言葉で伝承し、世代を超えた後進の成長の糧とすることができる

社会貢献を実感し、人と人との間の存在感を自覚することができる

昔の棟梁も現代棟梁も「マネジメント力」の難しさを知り、これを克服してきました。そこには必ず全体最適化への強い想いがあったように思います。

本書では、こうした背景をもとに、建築施工の暗黙知を形式知化すること、そして体系化し実務に役立つものにすることをメインテーマにしようと思います。果敢な挑戦となりますが、読者の腑に落ち、お役に立てるものとなることを心より願っております。

日本では１９９０（平成２）年代のバブル崩壊以後、「失われた30年」が続いたと言われます。はたして建設業もそうだったのでしょうか。「否」だと思っています。21世紀の鐘が鳴ってから四半世紀、建設業は、

逆に黄金期でした。それは、現代建築史を描いてみるとよく分かります。日本全国の都市景観が、新築建物によって驚くほど変貌しました。東京タワーができた1958年頃は、周囲にはまだまだ平地がたくさんありました。そこにデザイン性の優れた施設が次々に登場し、都市景観は見違えるようになりました。地震対応技術の高度化や材料の高付加価値化、木造技術の進歩など最新技術も目白押しだったように思います。

私たちは、この黄金期を今後も継続しなければなりません。そのためには、長い歴史の中で培ってきた「ハードマネジメント力」「ソフトマネジメント力」を連綿と伝承していかなければなりません。

読者の皆さんには、是非、その一端を担っていただけることを期待しています。

CONTENTS

3章 施工マネジメント力 ソフトマネジメント力の基本

CONTENTS

4章 施工マネジメントの現場

CONTENTS

5章 建築現場における施工マネジメントの進化に向けて

M 1章

建築現場の施工マネジメントとは

本章のタイトルにある「建築現場の施工マネジメント」とは何かと問えば、建築工事の「施工管理」じゃないか、今さら何を言っているのか、と思う方もいるかもしれない。

確かに「施工管理」とは、建物をつくる時に品質、コスト、工程、安全、環境、モラルや労務等（ＱＣＤＳＥＭ※）について計画、実行、検査、改善（ＰＤＣＡ）を繰返し行う活動であり、その活動は、すでに各社の業務マニュアルなどの資料や専門書などでノウハウがまとめられている。

本章では、「建築現場の施工マネジメント」について述べる前に「建築」や「建築現場」の位置付けや特徴を解説する。

※ ＱＣＤＳＥＭ：Quality・Cost・Delivery・Safety・Environment・Man の略称
時代とともに重要度の順が変わってきているが、本書ではＱＣＤＳＥＭとする。

1 建築とは

「建築」という言葉には、様々な意味合いがある。芸術や科学技術、法律という学問的な「ものとしての建築」。建築主や設計者の「想いを形にする建築」。その想いを実現するために「つくる建築（施工する建築）」。特定のエンドユーザーや不特定多数の人が「利用する建築」などである。

「ものとしての建築」は、敷地の地形や風土、文化、歴史をふまえて、建造物・ランドマーク・遺構として存在する。「想いを形にする建築」は、建築主や設計者のニーズや思想を具現化した意義がある。「つくる建築」は、そのプロセスにおいて、たいへん多くのステークホルダー（利害関係者）との良好な関係性があって初めてつくり上げられる。

「利用する建築」は、建築主がその建物の用途、例えば劇場、商業や住居の場として利用することに加え、まちなみの景観を構成する。よって人の心情や思い出に訴えるものである。

このうち「つくる建築」のプロセスには、適正な設計期間と工事期間が必要である。従事している組織は専門技能工で構成される重層下請体制で、多工種をつないでつくる。建築地に密着した産業であるがゆえに周辺住民との関係性もある。最も密接なのは建築技能労働者である。彼らには、人それぞれの技量差があり、気質の違いによって取り組む姿勢も異なっている。よってそれを「まとめる」こと、すなわちマネジメント力が重要な役割を果たすことになる。

2 建築現場とは　ここ・これ・今

私は、タイムリーさを重視した建築三現主義と称して「現地・現物・現時」による「ものの見方」を大事にしている（図表1－1）。「現地・現物」は、マネジメントの対象そのものである。「現時」はその瞬間に判断・決断し行動することを言い表している。

「建築現場」は、常に建築三現主義の連続である。すなわち、特定できる「この場所」に、世界で一つしかない「この建物」を、今「この瞬間」に判断し、つくり上げていくのである。

現場を司る当事者の、その場での決断・実行の良し悪しが、未来に向けた建物の価値を大きく変えてしまう。不測の事態も起きれば、異なる意見や要望をまとめる場面も多くなり、担当者の判断や行動の責任は大きい。だからこそ失敗すれば挫折感を感じるが、逆に大きな自己実現感、「やりがい」に通じるのである。

建築現場には、魔力とも言える魅力がある。現場はそこにいて経験した人の五感でしか味わえない。苦労した経験は幅広く深いため、乗り越えるたびに人間を大きくする。建築が完成した暁には、大きな達成感があり、感動的ですらある。プロセスで培われた連帯感や社会貢献の実感も大きい。やり遂げたという達成感は、醍醐味となってやめられなくな

建築三現主義：現地 × 現物 × 現時
（ここ）（これ）（今）

図表1-1　建築三現主義とは
タイムリーさを重要視するために「現時」を強調した建築三現主義

る。次の建築現場に向けて新たな気持ちでわくわくしながら、意欲をかき立てる原動力となる。

　建築現場の仕事が苦痛となるか楽しくなるかは、本人の主観的なとらえ方次第である。だから、ますます深い分野なのだ。

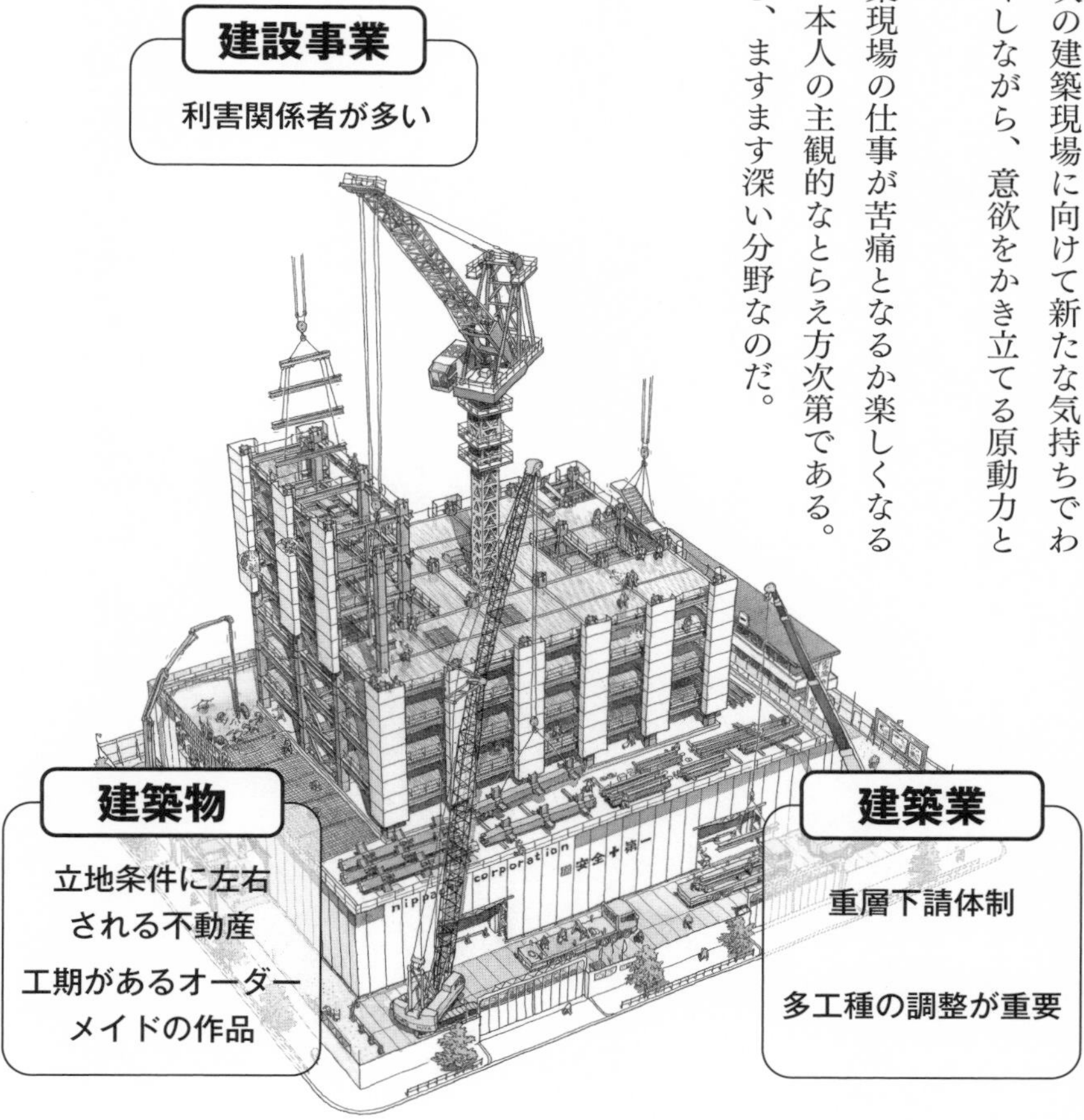

図表 1-2　建築現場の特徴

建築現場は種々の特徴的な条件の中で進んでいる

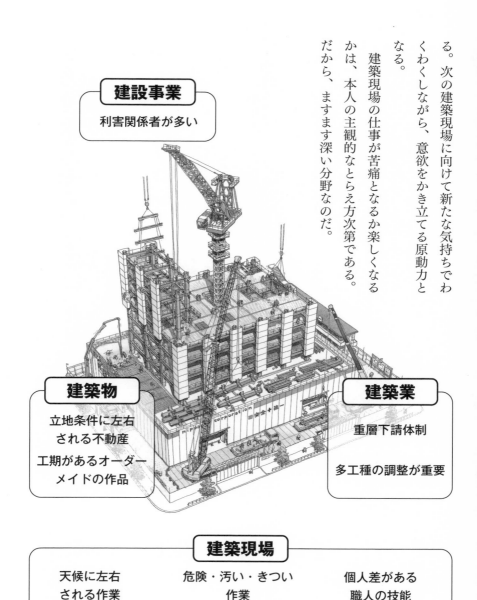

3

建築現場の施工マネジメント

「施工マネジメント」と聞くと、一般的には「施工管理」を思い起こすかもしれない。ただし、本書で紹介する「施工マネジメント」は、もう少し幅を広げた活動としてとらえている。

用語のおさらい

本書の冒頭に、暗黙知を言語化し形式知化することを目指していると書いた。これを受け、暗黙知を日常用語で説明することを考えた。だが、建築現場の日常用語も、教えてくれた先輩諸氏の解釈の違いによりニュアンスが違う可能性がある。そこで、本書で共有したい用語をおさらいすることにする。

管理――コントロールとマネジメント

「管理」という言葉がある。建築現場では、基準を満たすように制御する活動を示す。

品質管理や安全管理などでは、合否判定基準や判定方法が事前に整備されており、検査により不適合事項を是正する意味合いが強い。なお「基準」は常に見直され、改善によっては変動しているので、最新の基準で判定することが必要である。基準と実績の負のギャップのことを「問題点」、将来の基準やあるべき姿とのギャップを「課題」と呼ぶ。「管理」は、この「ギャップをなくす活動」と言える（図表1－3）。

ＰＤＣＡサイクル、すなわちPlan（計画）→Do（実行）→Check（検査）→Action（改善）のことを「管理」と言う場合もある。この手法を繰り返し使って、スパイラルアップしていく。計画（Ｐ）は計画書に示され、実行（Ｄ）される。それを指針などで示された基準に基づき検査（Ｃ）し、問題があれば改善（Ａ）を行う（図表１-４）。

「管理」には「コントロール」と「マネジメント」の二つの意味がある。前述のあらかじめ基準がある場合は「コントロール管理」である。一方で「マネジメント管理」は、目的を何にするか、達成目標や判定基準は何にするか、目的達成までの方向性やプロセスまで考えて目的を達成していく（図表１-５）。

以上より、「マネジメント」たるべき基本条件として、

条件１　基準がある状態にすること
条件２　現状を把握すること
条件３　ギャップを認識すること
条件４　解決する動機があること

がある。マネジメントにおいては、その時点での最適解を

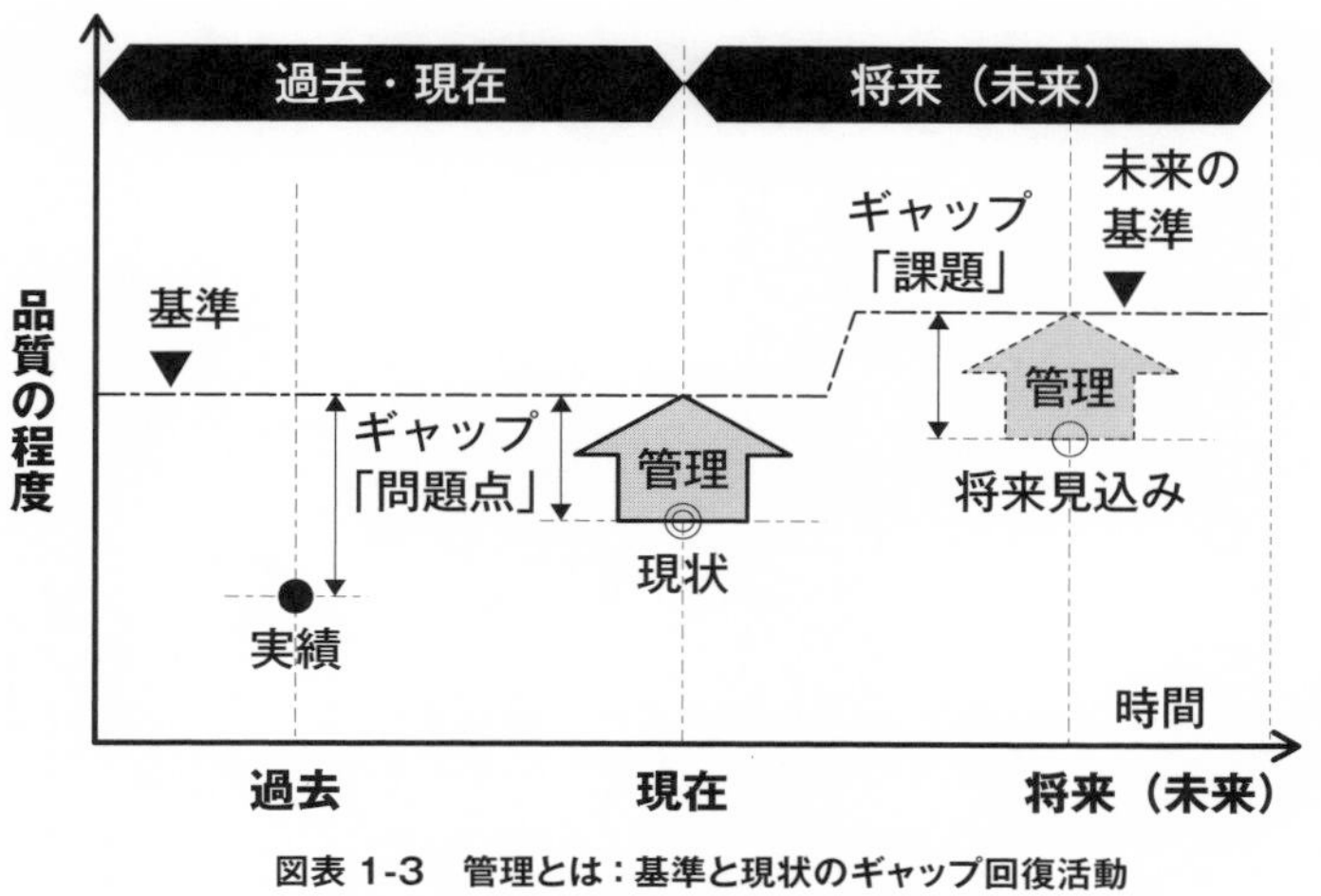

図表 1-3　管理とは：基準と現状のギャップ回復活動

選択するのが常である。複数の候補を起案し、メリット・デメリットを評価・比較し、選択していく（図表1－6）。

選択場面では、ジレンマやトリレンマ（図表1－7）に苛《さいな》まれ、どれを選んでもリスクを背負う場合がある。多かれ少なかれ、心中穏やかならぬ決断をも迫られるのがマネジメントと言える。

顧客、建築主、お客様

顧客（customer）とは、「製品・サービスを受け取る個人や組織」のことである。例としては、消費者、依頼人、エンドユーザー、小売業者、受益者、購入者が該当する。建築の場合は「建築主」「発注者」「施主」などと呼ぶが、本書では統一して「建築主」と呼ぶことにする。また、「お客様」という表現もある。直接的対価でサービスや製品を受け取る「顧客」に対して、対価はないが間接的や将来的にサービスや製品を受け取る人も含めて「お客様」と呼ぶ。利用者やエンドユーザーなどである。

一方、建築現場は、連続する作業工程の前後において、後工程を引き継ぐ技能労働者のことを、直接的対価ではないが前工程のアウトプットを受け取る意味で「お客様」と考える。これが建築現場でよく言われる「後工程はお客様」の所以である。建築現場の施工管理技術者の「作業指示」というアウトプットに対する技能労働者からの要求事項の代表的なものは、「手待ち、手戻りがないこと」である。

技術、技能

日常的に使っている「技術」と「技能」という言葉は、本来、意味が異なる。技術力はあっても技能が不足しているために実行できないことがある。森和夫の著書『技術・技能論』なども参考にし、次のように定義する。

技術とは「自然法則を活用してより小さな資源でより多くの価値を生み出す術」

技能とは「身体や思考が目的に合わせて動ける能力」

「技術」は、形式知なので文字や図表で表現し知識にできる。だから記録も伝承も容易で、探すこともできる。一方、「技能」は個人の持つ属人的な身体能力なので、文字表現はできず、動きや動作からしか読み取れない。習得するには訓練が必要で、一人前になるのに時間を要する。

近代以降の産業では、高度な技術力によって道具や機械が生み出され、生産性が向上しているので、両方を合わせて「技術力」と呼んでいる場合も多い。

これらの違いを対比した（図1－8）。

建築現場で「技能」と言うと、技能労働者の匠の技をイメージする。一方、施工マネジメントには、身体的技能だけでなく「思考的技能」といったものもある。例えば、目の前でトラブルが起これば無意識にでも発生メカニズムや要因を分析する思考傾向などは思考的技能である。若手技術者には、要因分析手法は知ってはいても、いざトラブルに直面した時に、すぐにメカニズムや要因の分析に至らないことがある。思考的技能には、解決したい動機（問題解決指向性）があり、先を読み（先見指向性）、事前に段取りをつける習慣（予防指向性）をつける必要がある。

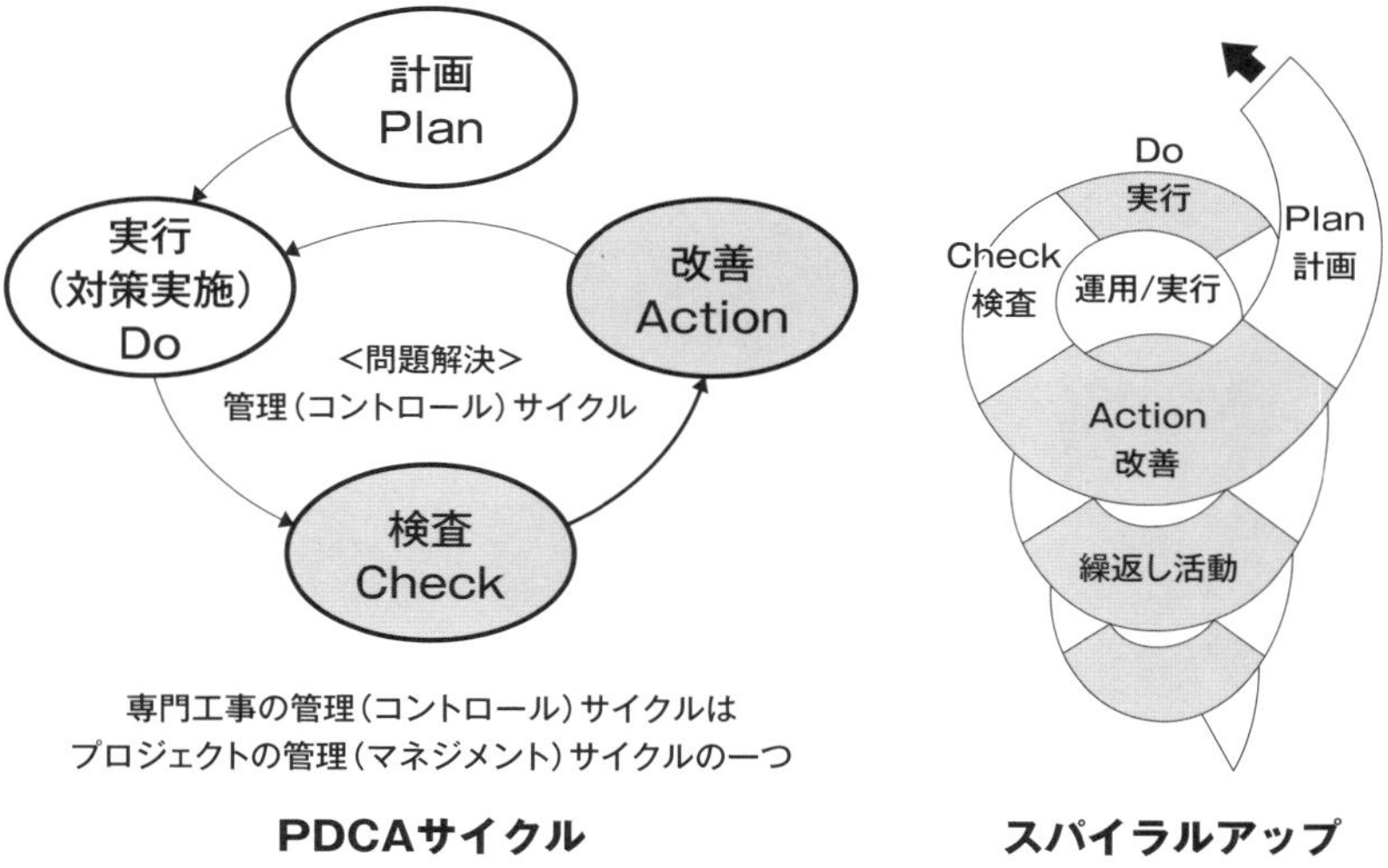

図表 1-4　PDCAサイクルとスパイラルアップ

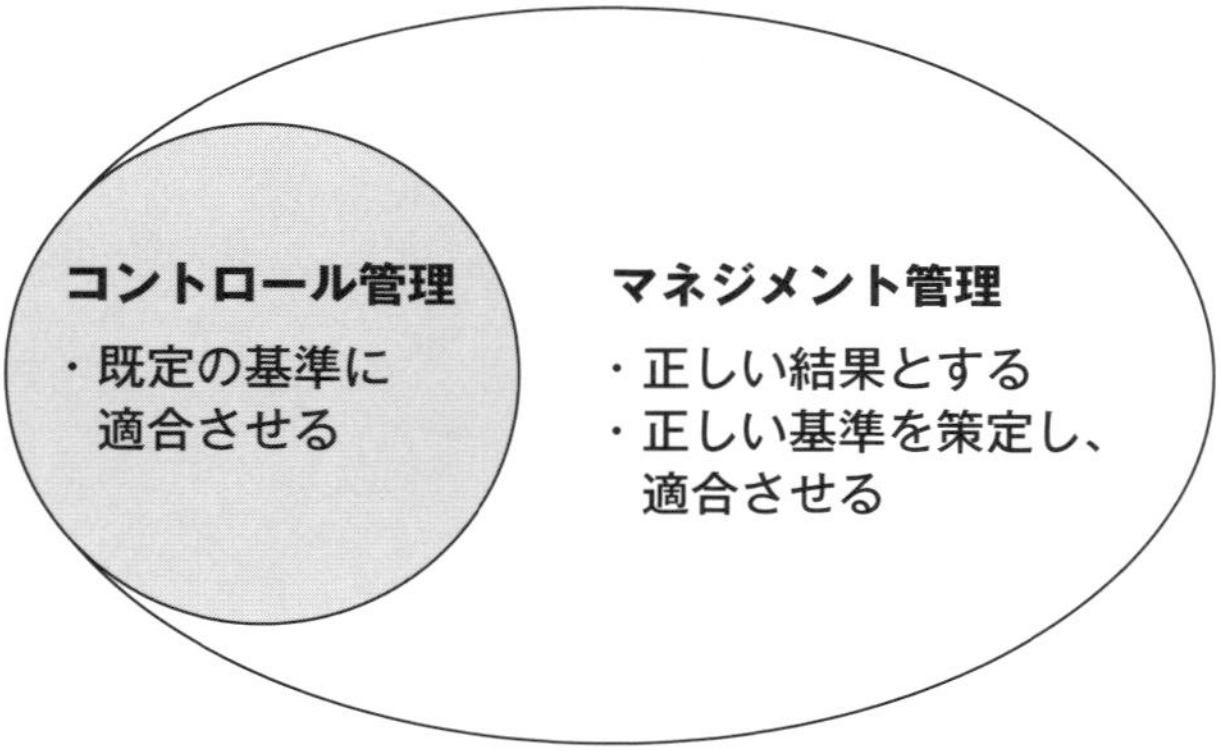

図表 1-5　コントロール管理とマネジメント管理

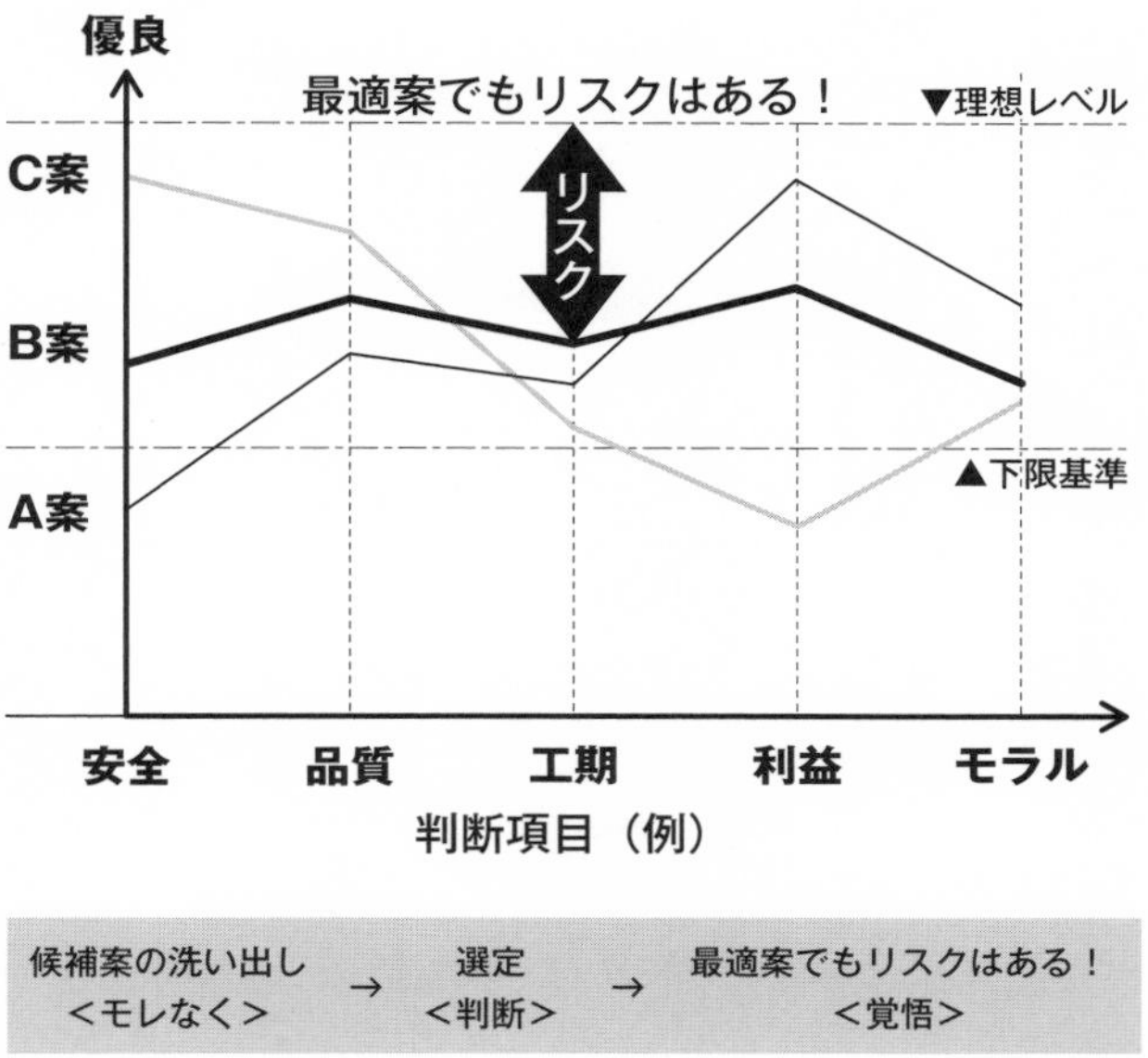

図表 1-6　リスクのないプロジェクトはない

すべてを下限基準以上とした上で、総合的な最適案を選択

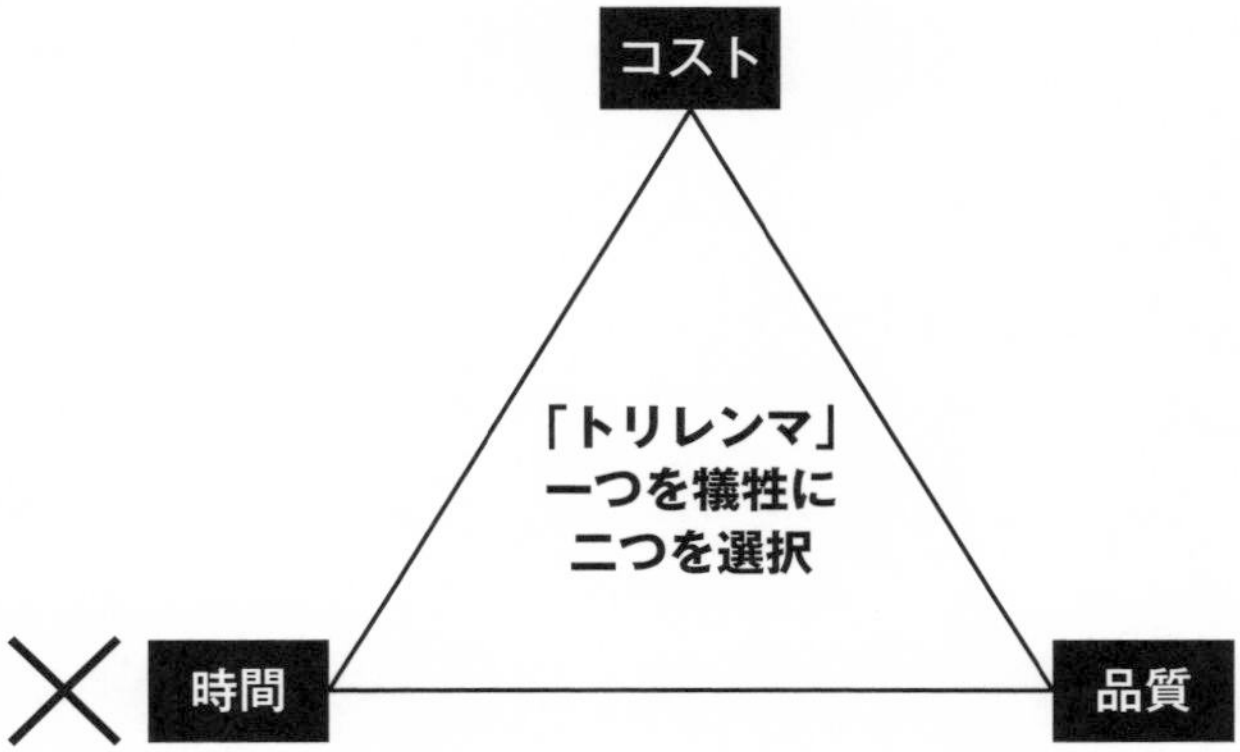

図表 1-7　トリレンマ

三つのうちどれか一つを犠牲にしても、選択しなければならない決断

こうしたことから、本書では「技能労働者の技能」に加えて「思考的技能」も「技能」として扱い、以後「技術」との違いを明確に分けるため「スキル」と表示することとする。

思考的技能の一つである「予防指向性」についてであるが、プロジェクトには必ず「課題」と「リスク」があり、これらに対する「対策」を着工前後に整理し、準備しておくことが極めて重要かつ効果的である。これについては3章の「3　課題解決力」で述べる。

「技術」と「技能」

<table>
<tr><th colspan="2"></th><th colspan="3">技：わざ</th></tr>
<tr><th colspan="2"></th><th>技術</th><th colspan="2">技能（スキル）</th></tr>
<tr><td colspan="2" rowspan="3">定義</td><td rowspan="3">やり方･方法･手段･工夫（知識）</td><td colspan="2">人の動く能力・行為・腕</td></tr>
<tr><td>身体的技能</td><td>思考的技能</td></tr>
<tr><td>身体的な働きや動作による能力・行為</td><td>思考する能力・考える能力</td></tr>
<tr><td rowspan="6">特性</td><td>表れ・表現</td><td>・文章や図、数式などで表現できる</td><td colspan="2">・作業やその結果作品（実体）で表れ、直接、見ることができない</td></tr>
<tr><td>属人性</td><td>・人に属さず、人の外にある</td><td colspan="2">・主観的・属人的</td></tr>
<tr><td>保存や蓄積性</td><td>・知識、言語や設備として保存、蓄積できる</td><td colspan="2">・人以外に蓄積できない</td></tr>
<tr><td>伝承性・伝承媒体</td><td>・伝承しやすい</td><td colspan="2">・伝承しにくい</td></tr>
<tr><td>習得効率・難易度</td><td>・知識の記憶、暗記で習得</td><td colspan="2">・繰返しの訓練、経験で身に付く</td></tr>
<tr><td>向上発展</td><td>・技術革新等により急激な進歩</td><td colspan="2">・人と人の伝承でかなり緩やかな進化</td></tr>
</table>

図表 1-8　技術と技能の違い

技術はやり方の知識で、技能は腕前

4 目的と役割

建築主の一番の期待は、「契約通りに建築を完成させてほしい」ことである。そのために施工管理技術者は、以下の取組みを施工マネジメントの目的・役割として実行しなければならない（図表1－9）。

①施工を円滑に進め、契約工期通りに完了すること
②要求基準から外れる誤差の吸収や、ミスを修正して基準内に納めること
③不測のトラブルを克服し、契約工期内に納めること
④要求を上回る付加価値をつくり、顧客満足を最大化すること

加えて、生業としての持続性を考慮するならば、以下も重要な取組みとなる。

⑤プロジェクトを通して課題解決のための技術開発や人材育成を推進していくこと

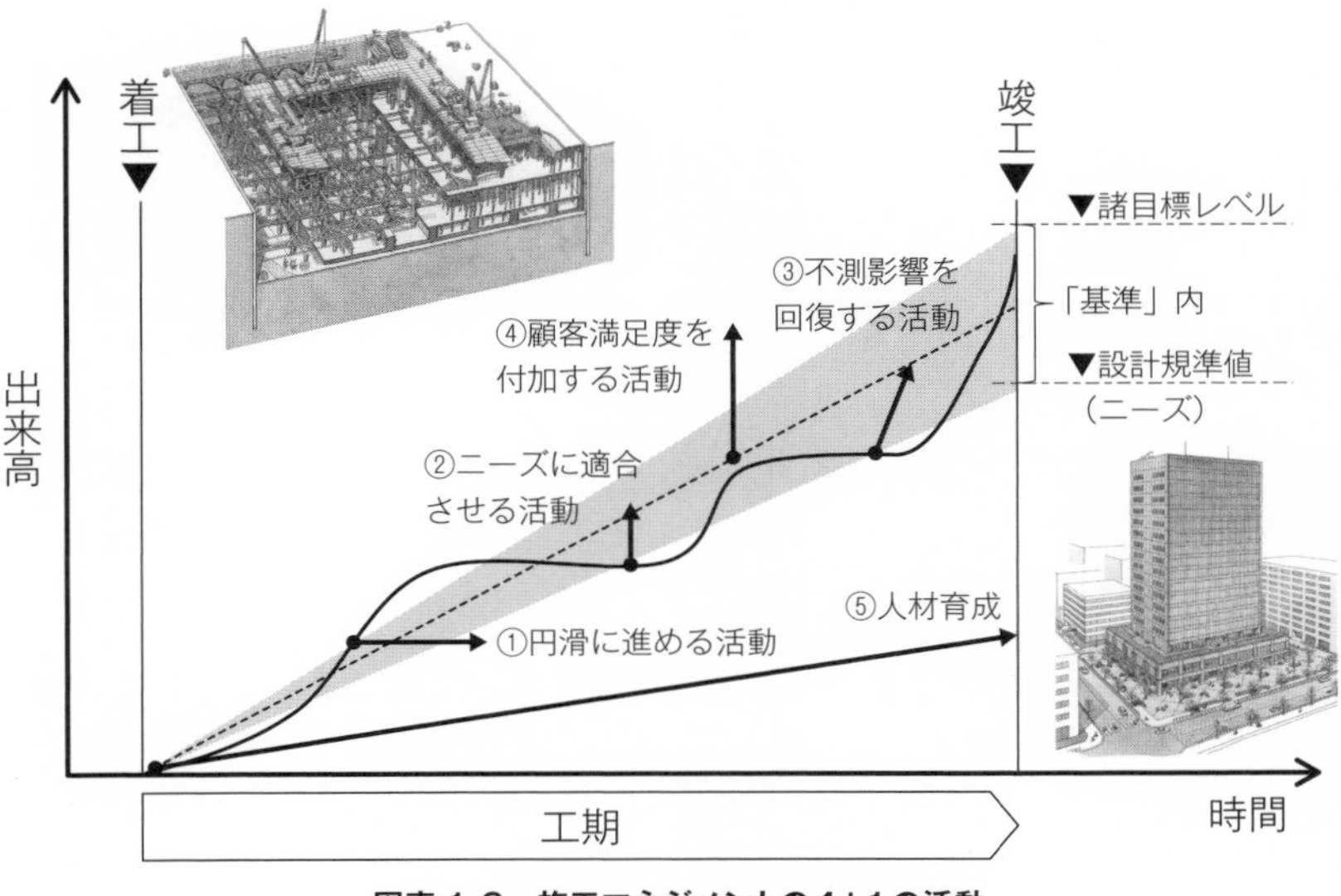

図表 1-9　施工マネジメントの4＋1の活動
五つの施工マネジメント活動ベクトルで竣工へ導く

言い換えれば、施工マネジメントとは、「建築主ニーズに合致した設計図書を具現化するために、着工から竣工までを通して、ヒト・モノ・カネを最適資源配分し、あらゆる問題解決・課題達成を実行し、竣工に至る活動の総称」と捉えることができる。最近では、フロントローディングと称して、設計段階から施工者が積極的に関与するパターンが増加している。

目的や役割を果たすためには、何にどう取り組めばよいのか。

その答えは簡単ではない。○○論や○○学として確立されたものもなく、現状でも個々人が失敗を含む様々な経験を繰り返し、暗黙知的に体得している域を超えていない。まさにそれこそが、本書が示唆しようと試みているテーマである。

施工マネジメントの対象は多岐にわたり複雑に関連している。経験の浅い若手担当者は、ややもすると目の前の工程を進めることだけに注力してしまい、何を、どこに向かって取り組んでよいのか、どの程度をねらうのかを認識せず、時間だけが過ぎ去ることもある。自分が経験したマネジメントの経験の中で、感じ、考え、体得したコツ・勘所は、おのずと主観的であり、個人差が出てしまうのは避けられない。

そこで、本書では貴重な先達の施工マネジメント事例の中から、マネジメント対象を7項目に整理し、取り組みやすくした（図表1-10）。

マネジメントする対象	構成事例
1. セルフマネジメント	タイムマネジメント・ストレスコントロール・自己成長等
2. 定常的な工事管理サイクル	QCDSEM・PDCA
3. 組織マネジメント	仕組み・中身・やる気
4. もの決めマネジメント	企画・基本計画・実施設計・詳細設計とその仕様・承認期限
5. 人材育成マネジメント	若手・中堅・熟練・ステークホルダー・業界
6. 渉外・交渉マネジメント	社内・ステークホルダー・近隣・諸官庁・公衆・反対勢力等
7. プロジェクトマネジメント	要求事項・体制構築・進捗・損益

図表 1-10　施工マネジメント対象一覧

マネジメントする対象を形式知化した分類の枠組みとして設定することにより、進化の土俵とする貴重な先達のコツや勘所といった暗黙知を、このマネジメント対象区分ごとに結集できるフレームについては、4章「施工マネジメントの現場」にて詳しく説明する。

5 理想像とレベル ありたい姿、あるべき姿

建築現場の作業所長はじめ施工管理技術者には、自身が志している理想像（あるべき姿、ありたい姿）、例えば「最高レベルの建築をつくりたい」「その道を極めたい」「必要最小限の出来栄えでよい」など人によって様々な志があるが、それらの達成を目指して日々、仕事に取り組んでいる。では、理想像とは、どのレベルが適切かつ健全なのであろうか。答えは一律ではないが、理想像が設定されず、認識もできていないのではマネジメントはできない。そこで、理想像の設定の仕方を「建築主」基準の「品質」として整理してみたい（図表1‐11）。

ここで言う「品質」とは、「寸法や性能など規格に適合すること」という狭義のものではなく、「定性的な建築主ニーズを、定量的な品質基準として目指すこと」とすべきと考える（図表1‐12）。

「品質」は未来永劫、固定された規格や規準に則ったものではなく、ましてや、業界や社内の古い標準や基準に縛られるものではないことを、まず認識しなければならない。「建築主は何を求めているのだろうか」と、常に見直す必要がある。

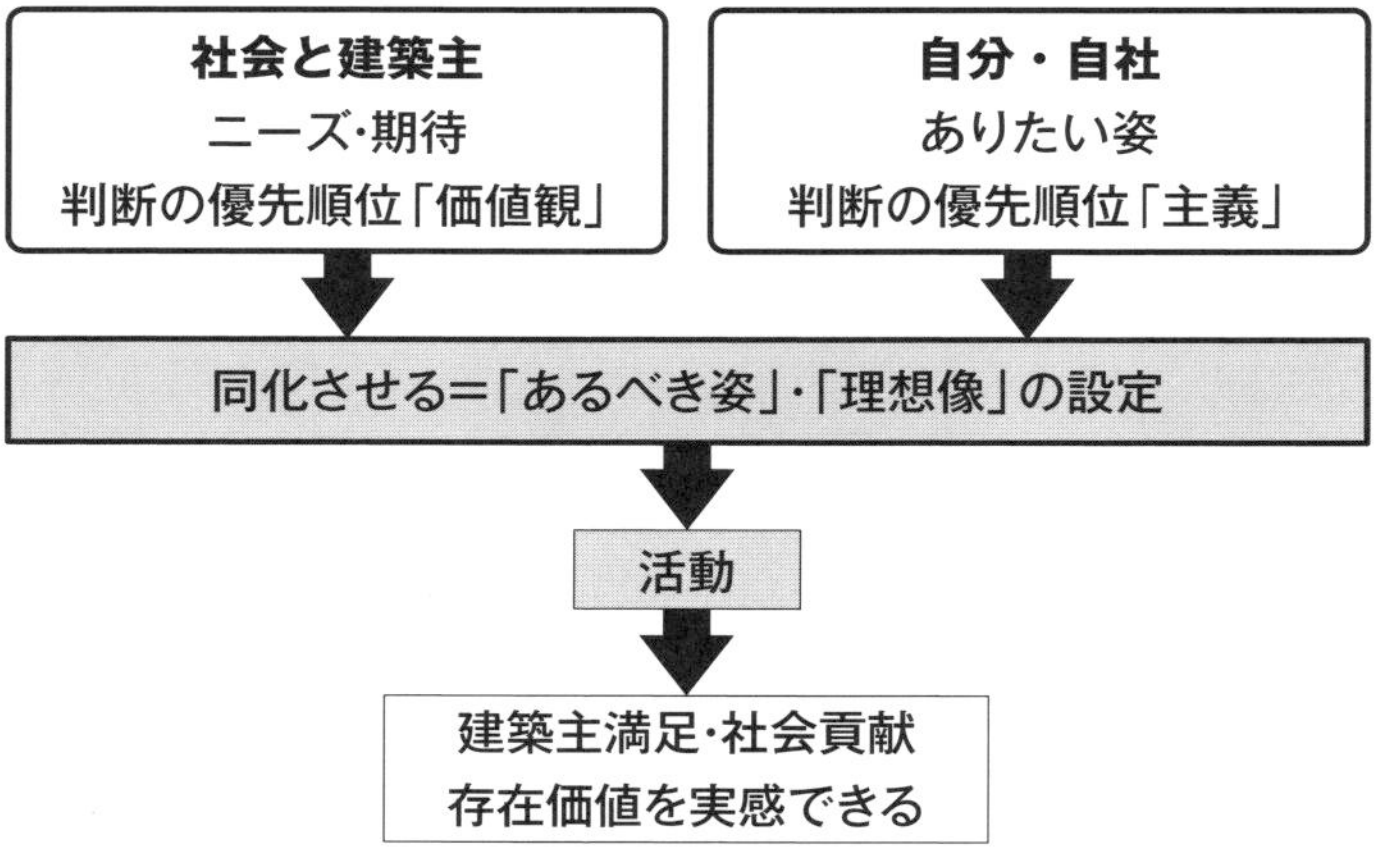
社会と建築主
ニーズ・期待
判断の優先順位「価値観」
自分・自社
ありたい姿
判断の優先順位「主義」
同化させる＝「あるべき姿」・「理想像」の設定
活動
建築主満足・社会貢献
存在価値を実感できる

図表 1-11　理想像の設定の仕方

理想像を見える化することで、初めて目指せる対象となる

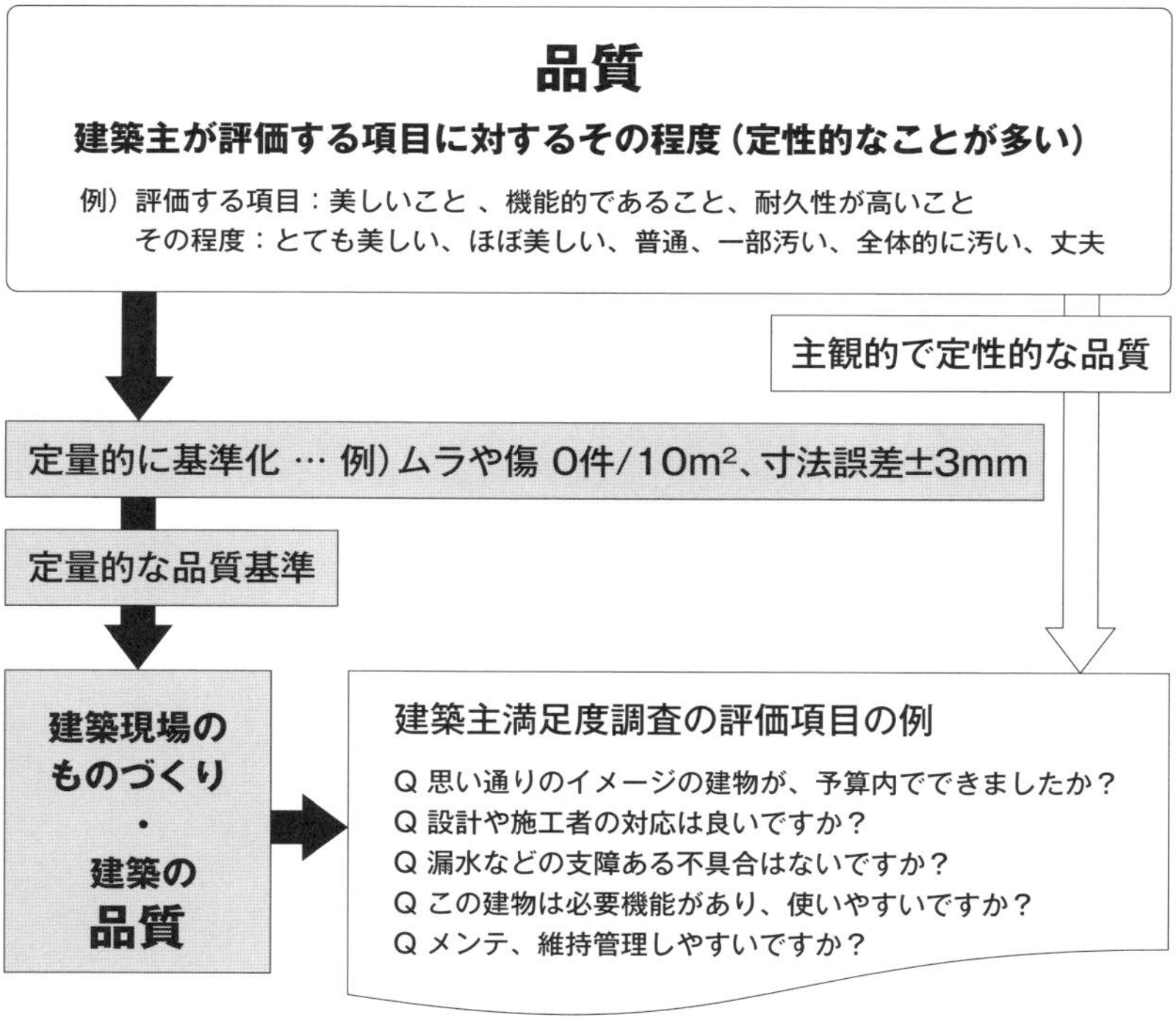
品質
建築主が評価する項目に対するその程度（定性的なことが多い）
例）評価する項目：美しいこと 、機能的であること、耐久性が高いこと
その程度：とても美しい、ほぼ美しい、普通、一部汚い、全体的に汚い、丈夫
主観的で定性的な品質
定量的に基準化 … 例）ムラや傷 0件/10m²、寸法誤差±3mm
定量的な品質基準
建築現場のものづくり
・
建築の品質
建築主満足度調査の評価項目の例
Q 思い通りのイメージの建物が、予算内でできましたか？
Q 設計や施工者の対応は良いですか？
Q 漏水などの支障ある不具合はないですか？
Q この建物は必要機能があり、使いやすいですか？
Q メンテ、維持管理しやすいですか？

図表 1-12　品質とは

定性的な建築主のニーズを、定量的な品質基準として目指すものとする

次に、製品やサービスの「品質」項目の「レベル」設定について、「建築主の期待（要求）と実施の対比」を目安とする評価案を提示する（図表1－13）。

建築主が何かを依頼する、要求する、指示する場合、そこには何らかの期待がある。「最低限ここまではやってくれるだろう」とあてにしている「期待下限値レベル」から「ここまで最大限になったらいいな」という希望の「期待上限値レベル」まで、かなりの幅がある。

期待下限値以上を「一流」、期待下限値以下で法令等は遵守するものを「二流」、法遵守などの最低限にも及ばないレベルを「三流」と設定する。そうすることで、期待上限値を超えるレベルが得られた場合、それは「超一流」となる。

「建築主」が設計者や施工者に建物を依頼する場合の「期待下限値」は、建築基準法に則り、建築物を雨風から守り、地震で壊れないものにすること、という大原則がある。

「期待上限値」は、機能的で使いやすく、見栄えも美しく、耐久性があり、オリジナリティのある建物であること、加えて、安く、早くでき、優れたアフターサービスによりメンテナンスも楽であることであり、「建築主」はそうなることを期待している。

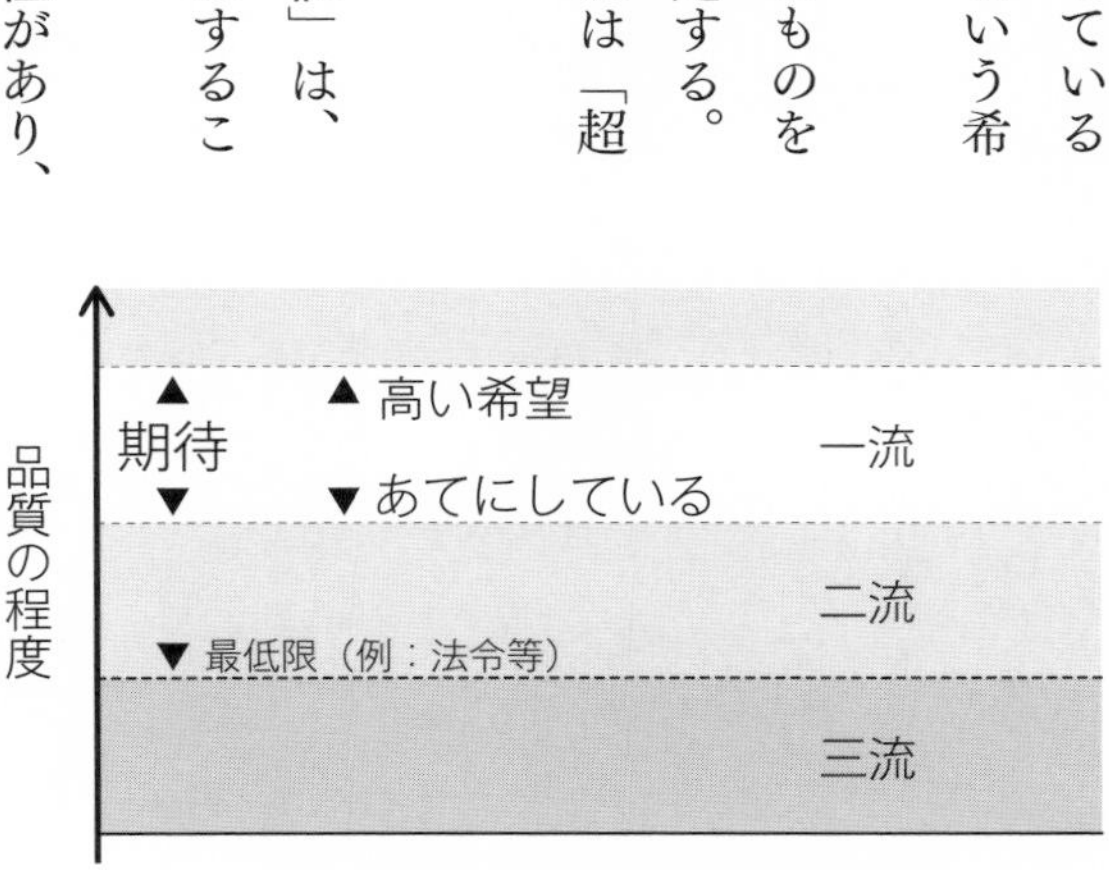

図表 1-13 「一流」は建築主の期待に応えるもの

6

必要な能力の構成

人やモノを動かすハードとソフト

施工管理技術者は、どのような能力を習得し、どう発揮すればいいのだろうか。

施工に関する基礎的な知識・技術が基盤となる。それに加えて図面力や、仕様・基準と現地での施工状態との差異を見つける「注意力・感性」も求められる。部材を「現地・現物・現時」でつくり上げていくのは技能労働者なので、彼らを動かす能力も重要である。

所長や次席ともなると、管理職としてのマネジメント力には、工事担当者を統率し動かす能力、専門業者を適正に選定する能力、建築主・設計事務所、近隣、諸官庁に対応する能力など、多種多様な能力が求められる。

本書においては、形式知化されている規格や基準、体系化された知識・技術、身体的技能を合わせてハードマネジメント力（テクニカルスキル）と呼んでいる。一方、自分自身を含めた人やコトを動かす手法やノウハウをソフトマネジメント能力と呼び、区別している。

理解を助けるために、図表1－14に縦枠を「ハードマネジメント」と「ソフトマネジメント」区分、また「心」「技」「体」区分に分け、横枠を「資質・思考傾向」「知識・技術」「技能・身体能力」区分に層別しマトリクス化した。

こうして見ると、「資質・思考傾向」の要素は心技体の「心」に対応する。「知識・技術」の要素は主に

凡例）◇ハード、◎ハード&ソフト、○ソフト

		資質・思考傾向	知識・技術	技能・身体能力
ソフトマネジメント	心	○先天的な性格<気質> ○後天的な性格 ○情深さ・愛情・仁義・良心 ○やる気・情熱・志・指向 ○個人の価値観・主義・考える方向性 ○理性・情欲バランス ○好奇心 ○発想力・ユーモア	○自己モチベーション制御思考 ○自己感情・ストレスコントロール ○精神・価値観 ○社内ビジョン・方針	
ソフトマネジメント／ハードマネジメント	技		○ゴール設定力 ○戦略・戦術策定力 ○課題解決力 ○論理的思考 ○情報力 ○リーダーシップ（主体性・意志等） ○育成力・評価力 ○コミュニケーション力 ○人的ネットワーク ○人望・人間的魅力 **◎整合性形成力・調整力** **◎礼儀作法・マナー** **◎事例情報（成功・失敗）** **◎判断基準** ◇ソフト能力のベースとなる手法・知識 ◇基礎スキル（PC操作方法・作図法） ◇ツール・設備の知識 ◇基礎知識・一般知識 ◇関連法規・基準知識 ◇専門知識・工事種別知識 ◇QCDSEM管理知識 ◇PDCA管理知識 ◇ディテール・納まり知識 ◇数学・物理・化学など	**◎合意形成・説得・交渉力** **◎段取り力（モレなく・タイムリー等）** **◎作業指示力（要領・要点・コツ）** **◎しゃべり・プレゼン力** ◇スケッチ（タッチ・美観等） ◇施工図（描画スキル・ツールスキル） ◇墨出し・測量（要領・要点・コツ） ◇ICT技術・操作スキル
ハードマネジメント	体			◇体力・気力・健康・タフさ ◇器用さ・速さ・正確さ ◇表情・ルックス・体形 ◇身体的<素質>

図表 1-14 構成能力マトリクス

習得すべき能力をモレなく形式知としリスト化することで、目指すものが認識できる

「技」に対応する。「技能・身体能力」の要素は、「技」「体」に対応する。習得すべき能力を、もれなく形式知としてリスト化することで、目指すマネジメント力が認識できる。

ものづくりの現場では、施工マネジメント力は、ヒト・モノ・カネの経営資源のうち、人の現場作業という身体能力の成果として現れる。しかし、より高いパフォーマンスを得るためには、スポーツや武道と似て、「心」・「技」・「体」すべてがそろうことが求められる。

7 成長と発揮

能力だけでは、現場で発揮できない

施工マネジメント力は、一朝一夕で習得できるものではない。実践によるOJT（On the Job Training）の中で、建築主、上司、部下、技能労働者との「ぶつかり合い」を経て、体得していくものである。実務は、必ずしも計画通りに進むケースばかりではない。思いもよらぬ出来事もあり、その都度、決断が求められる。「苦労が多くてしんどい」「時間がかかりそう」「こんなにたくさんの能力が必要？」「一流を目指すなんて自分には無理」という声が聞こえてきそうである。

はじめの一歩は、工事担当者としての経験を積み重ね、目の前のことを確実にこなすことである。そうすることで、視野の広さと専門性が増し、「※T型人間」へと成長できる。工事担当の役割を遂行する中でソフトマネジメントが同時に習得できれば、成長へと直結する。苦労して体得した能力は一生の財産として、

自分の心身から抜け出すことはないのである。

※ T型人間とは、建築技術を浅く幅広く（Tの横棒）習得した中で自分の得意分野の専門領域（Tの縦棒）を深掘りすることができる人をいう。

ここでポイントを一つ。多岐にわたる専門技術は日進月歩、すべてを掌握することは不可能である。ではどうするか。専門工事の詳細知識は専門工事会社や技能労働者の知識に頼ればよい。彼らをリスペクトし教えてもらうこと、それも一つの重要な「技」である。

暗黙知を形式知とするためには、その基となる原理・原則・法則で説明すると理解しやすい。そこで、「人が、外から刺激を受け、頭で考え、保有している能力を活用して、行動に至るメカニズム」を整理しておきたい（図表1－15）。

人は現場からの影響に対して行動を起こす場合、理性的に行動するかどうかは決めていない。損か得か、したいかしたくないか、という「欲求」や、好きか嫌いかの「感情」も入り混じりながらメリット・デメリットなどを総合的に比較し「判断」する。選択した案にもリスクはある。リスクのデメリットが大きい場合には、「覚悟」ができて初めて決断し行動に踏み切る。このようなプロセスを、本書では「決断」として整理する。

理性的な思考をする際には、自分にできるかできないか、能力に照らし合わせている。前述の能力マトリクスでは、「心」「技」「体」に分類し、習慣的な思考傾向を「心」、脳が記憶している知識・技術を「技」、身体が記憶している技能を「体」として考えた。

組織に所属する個人は、組織のルールや指示命令系統に従い、やる気によって行動するので、組織の「仕

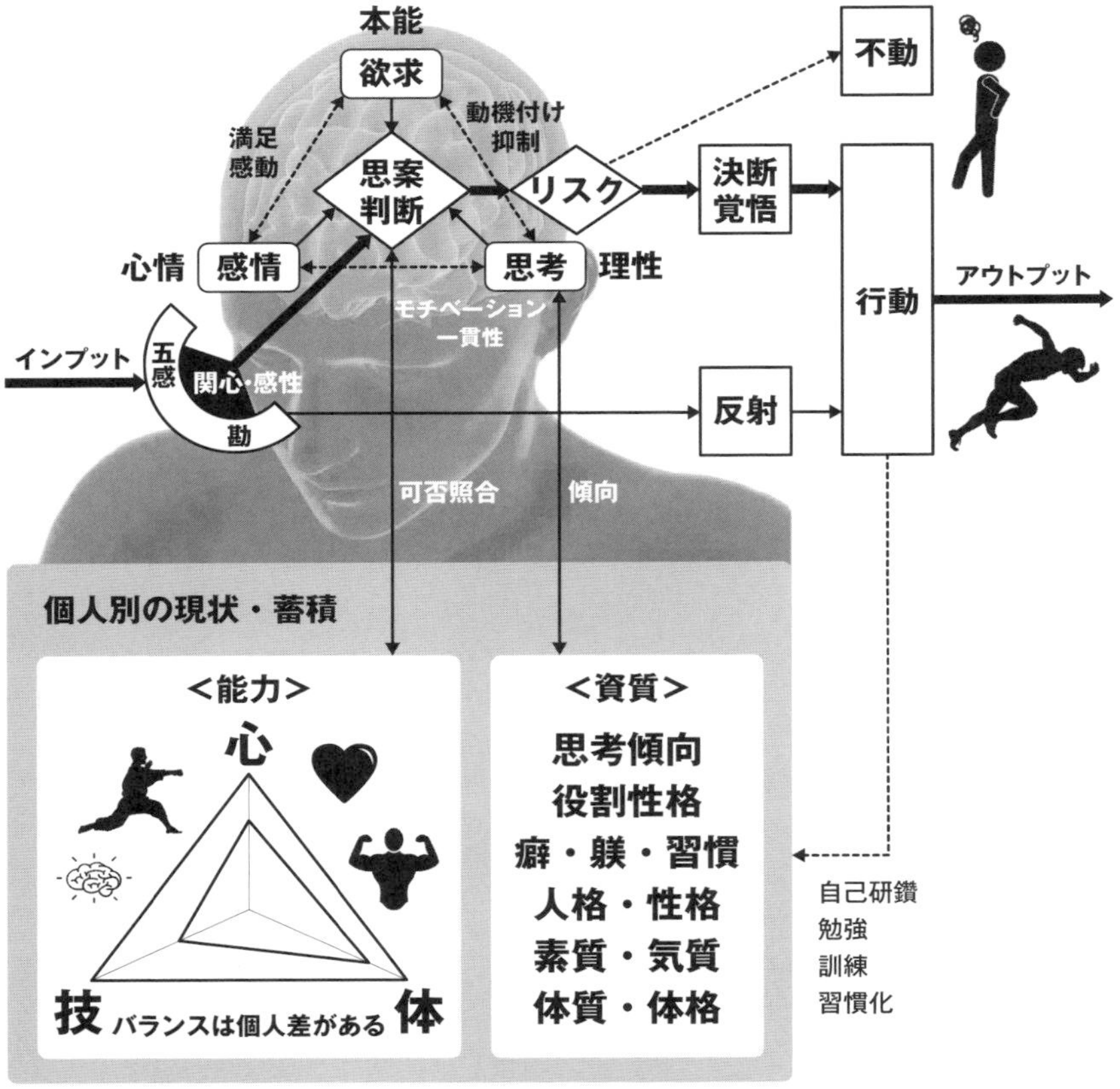

図表 1-15　能力を行動につなげるメカニズムモデル

能力が高いだけでは行動できない。判断し覚悟して初めて現場を動かせる

組み、中身（人材など）、やる気」を高めることは、個人行動への影響が極めて大きい。

このように「決断」「能力」「組織」の関係を使って、現場の第一線にいる個人の行動を考える時に、以下のような着目点がある。

・一つ目の着目点
欲求、感情といった決断、能力、組織のバランスは個々に異なり、刻々と変動している。これを都度、感じ取り、現場を動かすことが重要である。

・二つ目の着目点
同じ行動を繰り返すことで技能が向上してくる。繰り返しの実践訓練は、人材育成に有効である。

・三つ目の着目点
決断する際、思考・欲求・感情の中で、最も強く働くのは欲求の人が多い。思考が強い人は極めてストイックな人であり、比率は限られている。

・四つ目の着目点
腹に落ちて納得するためには、思考、欲求、感情のすべてが満足する必要がある。

・五つ目の着目点
強い感情を伴う言葉をインプットすることは、記憶しやすく、習得効果が高い。

・六つ目の着目点
身体で覚えた技能は、思考傾向にも影響を与える。

能力が向上し良い行動をしても、すぐには現場の成果に表れるとは限らない。管理職として成果を急ぐ人材育成は、逆効果になることもあるので、焦らず忍耐強く人材育成に臨むことが肝心である。

・七つ目の着目点

次に経験によって施工マネジメント力を習得していくことを考える（図表1－16）。若手の初級者は、低いレベルから向上していく。一つずつ工事種別を担当し、熟知し、経験を増やすことでハードマネジメント力がおのずと習得できる。それと同時に、少しずつコミュニケーション力や課題解決力、人間的魅力などのソフトマネジメント力を向上させることも必要である。

この段階で絶対やってはいけないことは、忙しさにかまけて原理原則を追求しないことや、判断や説得の場から逃げてしまうこと、その場しのぎで済ますことである。工事担当者の時代に、腹落ちして身に付けたことは、その後の成長度を大きく左右する。目の前のことにベストを尽くせば、何一つ無駄な経験や時間はない。自己習得において効果的な方法の一つは、後輩に教えることである。教える自分自身の能力習得が体得となり、確実になる。

中堅、熟練になるに従い、役割や責任範囲が拡大する。施工計画や損益管理、組織管理、渉外などではソフトマネジメント力のウェイトが高くなる。それに応じて手腕を期待され、試される。キャリアパスを積んではいくが、限られた時間の中ですべての工事を経験できる訳ではない。自分自身が深く習得したことを応

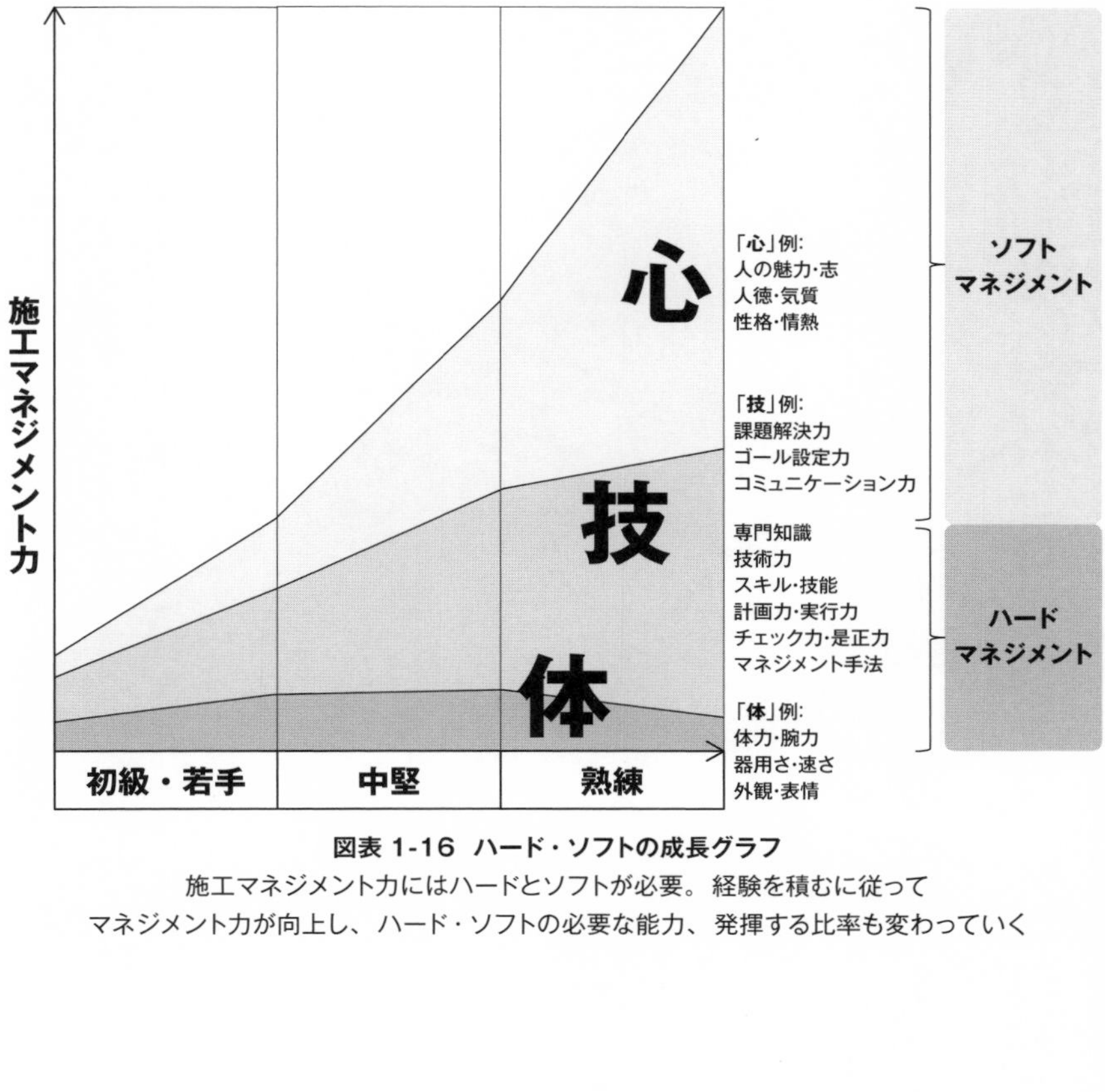

図表 1-16 ハード・ソフトの成長グラフ

施工マネジメント力にはハードとソフトが必要。経験を積むに従って
マネジメント力が向上し、ハード・ソフトの必要な能力、発揮する比率も変わっていく

用し、未経験な他分野にも力を発揮するのである。

経験できない知見は貪欲にアンテナを張って収集し、いつ担当することになっても大丈夫なように準備をする姿勢を忘れてはいけない。

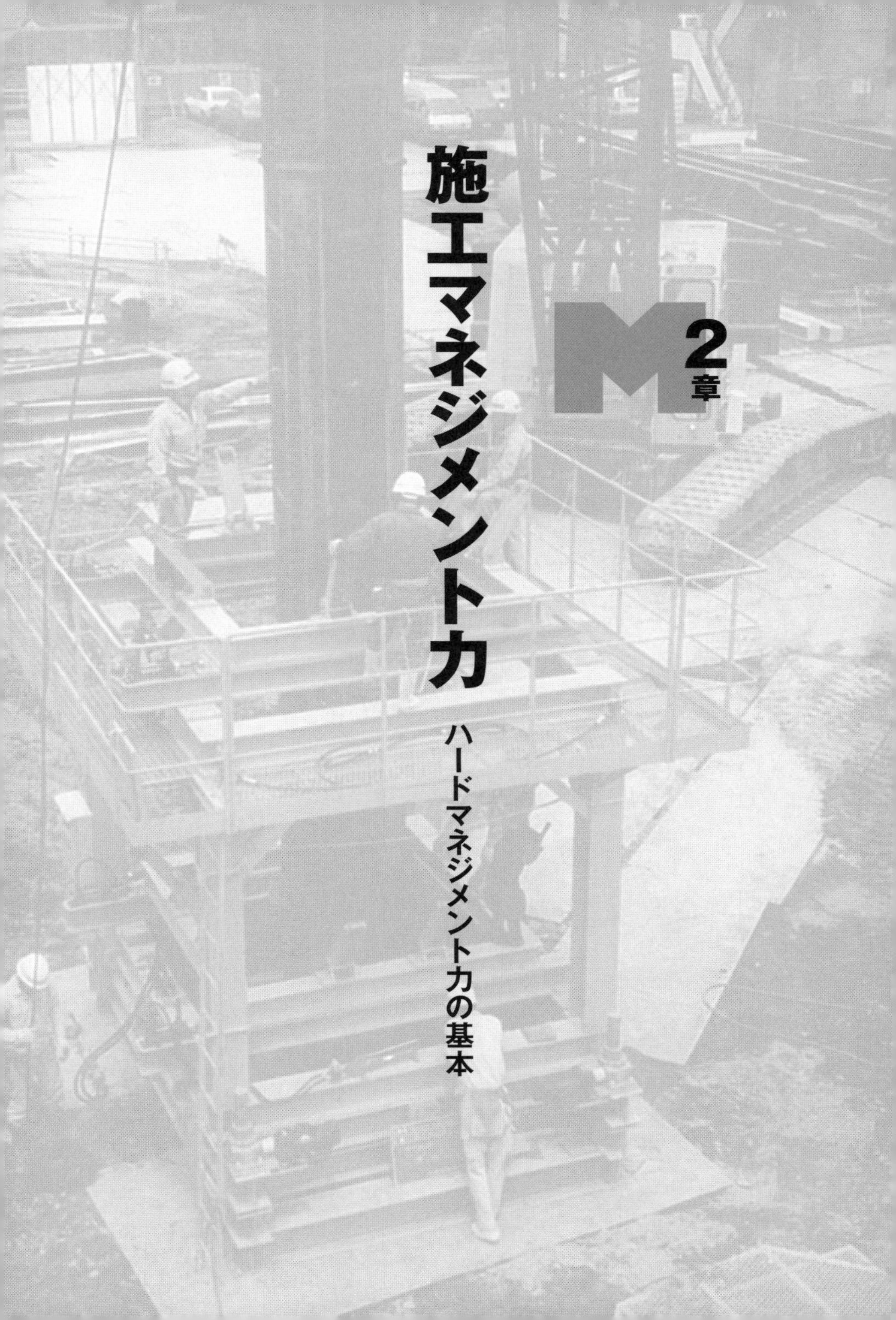

M 2章

施工マネジメント力

ハードマネジメント力の基本

1章「6　必要な能力の構成」において、建築現場の施工マネジメントに必要な能力の構成として「ハード」と「ソフト」があることを取り上げた。本章では、「ハード」について具体的に説明する。

知識や技術の活用はハードマネジメントの基盤である

ハードマネジメント力は、「建築そのものを施工する上で直接的に求められる能力」である。そこには、言語化（形式知化）されている法律、規格や基準、体系的知識や技術がある。建築基準法、ＪＡＳＳ規格、指針類、各種の教科書などがそれにあたる。

本書では、これらに加えて身体的な体力やスキル（技能）もハードマネジメントの対象とし、「ハードマネジメント力」として、以下に示す七つの構成に分類した（図表２－１）。

No.	ハードマネジメント力
1	体力・器用さ・表情など
2	基本知識・専門知識
3	技術力
4	スキル（技能）
5	計画力・実行力
6	チェック力・是正力
7	品質管理や課題解決の手法

図表 2-1　ハードマネジメント構成要素の大分類リスト
ハードマネジメントは言語化されている基準、
体系化されている知識や技術と、体力や身体的技能を言う

1 体力・器用さ・表情

身体的資質は大切な資質の一つ

建築現場は、「メートル単位の建築物をミリ単位でものづくりする場」である。しかも「屋外の、その場でつくる一品生産」であるので、時には重量物を扱うダイナミックさを有しながらも、意外に繊細さを秘めている。

こうしたことから施工管理技術者は、品質や安全管理のために、高所に上がったり大深度の地下へ降りたり、随所を巡回して計画通りに施工されているかをチェックし、必要な場合には技能労働者に的確な作業指示を出さなければならない。そこには、基礎的な体力と器用さが必要である。

このように書くと、体力や素質や表情などは個々人で異なるため、適応が難しい場合があるかもしれない。しかし、各自の得意分野を活かして個性を発揮することが大事なのである。

2

基本知識・専門知識

幅広く深い知識

建築には、多くの分野の幅広い基本知識が必要である。特に自然界における原理や法則（材料特性、力の流れ、音・熱・空気・水、地盤、大気など）について、広く知識を蓄え、応用力を磨いておくこと、事象を精度良く予測することは不可欠である。その基盤は理系の知識であるが、加えて、図面を描いたり読んだりする力、施工計画を立案する力、「かたち」として具現化する力などを具備する必要がある。

基本知識・専門知識を習得する際のコツを、私なりに考えてみた。

第一に、できるだけ不変の原理・原則、自然法則を理解することである。現場で起こる多くの事象は、物性や力学に関する複数の基本原理が組み合わさって起こる。その原理が分かっていれば、精度良く予測もできる。また建築現場では原理を利用して、実務に活用する工学的な知識も使いこなせることが大きな力となる。

第二に、自分の身体や感性で実感できるオーダーと結び付けておくことである。例えば、自分で持ち上げられる重量を体感しておくことをすすめる。

第三に、建築現場は「箱モノの建築物をつくるのではない。使う空間をつくる！　見られる空間をつくる！」場であるので、ヒトの行動学、美意識を醸成する芸術論、感性・感動を知る心理学など、関連知識を併せ持つことが、日々の仕事を豊かにする。

3 技術力

自然法則を活用して合理的に

「技術」の意味を関係辞典などで調べると、科学的側面や経済的側面からの解釈で様々な使い方があるが、本書の建築における「技術」とは「自然法則をその目的に合わせて適用する方法や手段」とする。「目的」を同じ資源でより大きな価値をつくり出すこととして、「技術力」を定義すると「生産性を向上させるために自然法則を活用する力」となる（図表２－２）。したがって、技術力を高めるためには、まず「自然法則」を知らなければならない。

自然法則は、物理や化学などの公式によって定量的に示される。例えば、ある荷重を支えるための構造モデルをデザインするとしよう。ある部材を用いた構造形式は、テコの原理や滑車の原理、摩擦の原理を基に求められた構造であり、この構造の生産性（完成品の価値／投入資源量）をいかに高めるかが技術力のなせる成果である（図表２－３）。

複雑な構造や事象を検討する場合は、単純にするモデル化が求められる。この単純化ができる知識や考え方を有しているか否かは、技術力が生み出す価値を、更に向上させるトリガーとなる。また、構造部材の特性面では鉄やコンクリートなどの材料特性や化学的知識も必要である。

私は、30代の頃、『法則・公式・定理雑学事典──これならわかる・面白い・応用できる』（藤井清・町田彰一郎著、日本実業出版社、１９８３）を参考にして、法則や定理を建築技術に応用する方法を研究した。そ

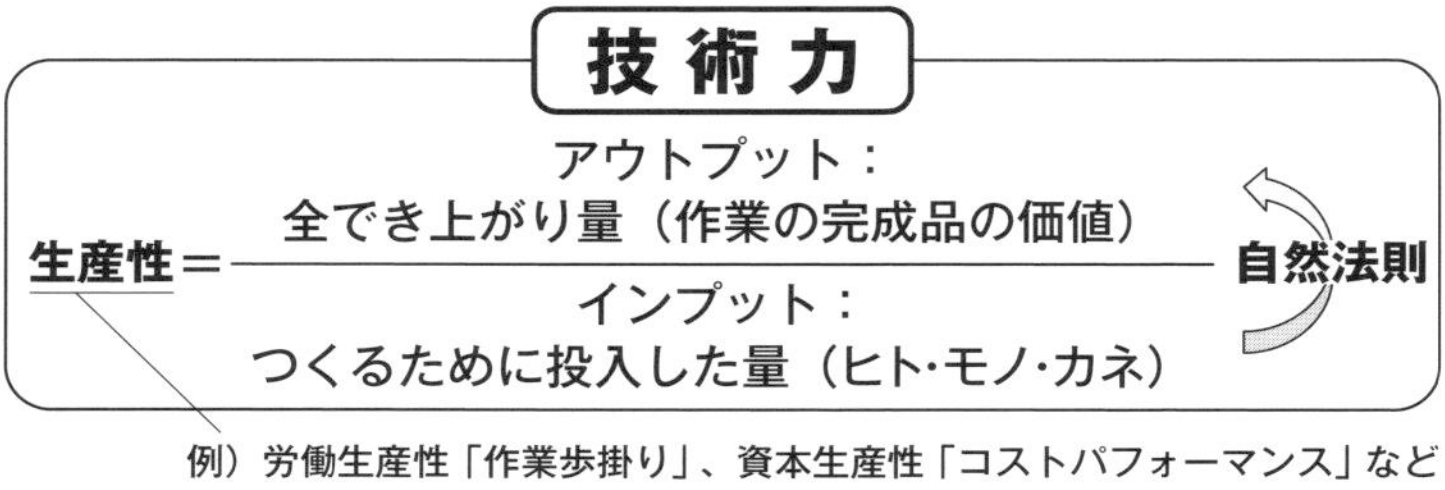

図表 2-2 「技術」と生産性。アウトプット／インプット概念図
技術とは、自然法則を適用して生産性を最大化する技や術である

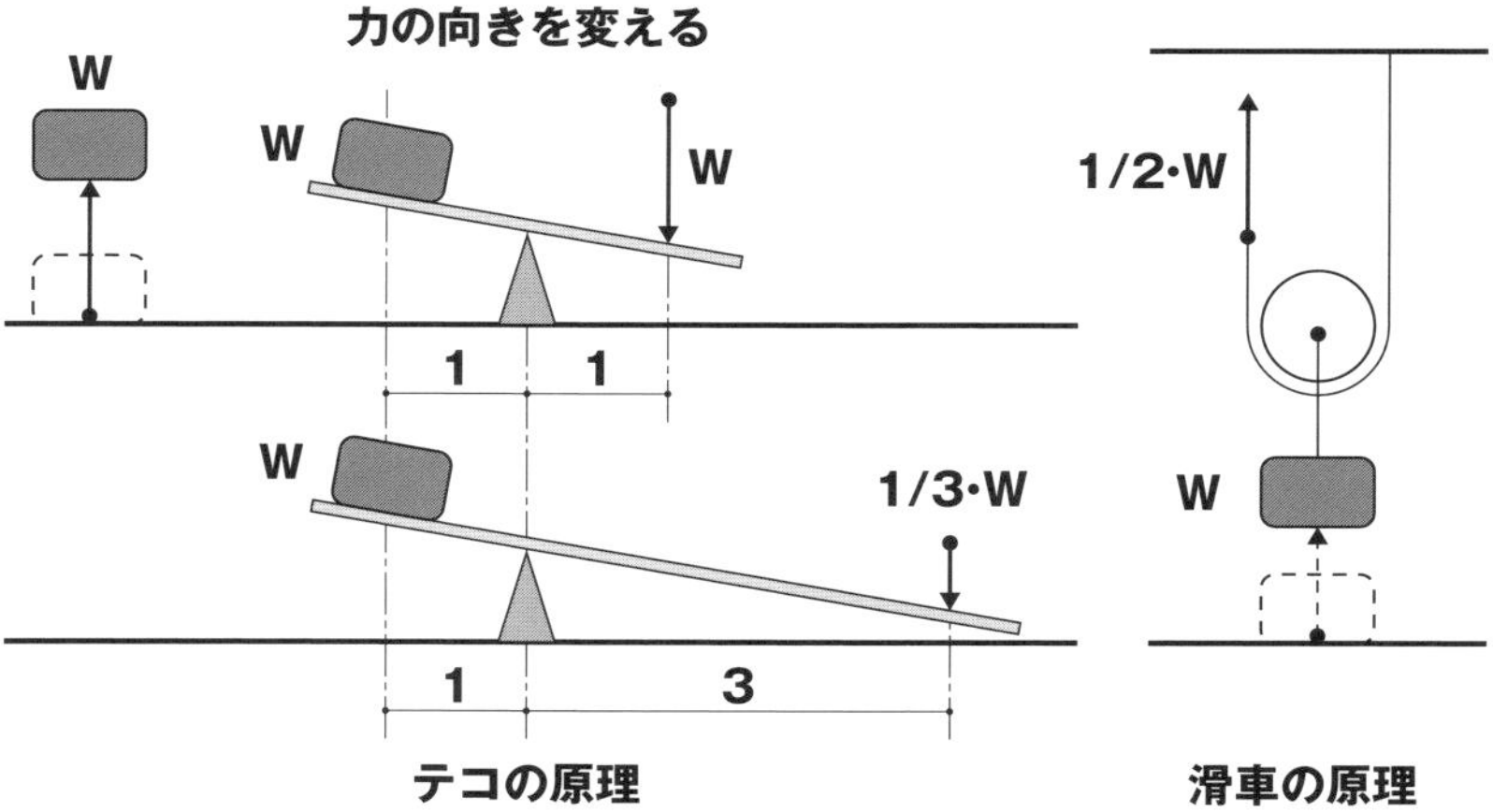

図表 2-3 自然法則の利用のモデル化事例 テコ・滑車の原理
技術とは、小さな力で重たい物を動かせる原理などを利用して効率を上げる技や術

の一事例として超短工期プロジェクトであった「横浜アリーナ」の特殊工法開発を紹介する。この時、威力を発揮したのは、摩擦に関するクーロンの法則であった。

F（引く力）＝μ（摩擦係数）×N（建物重量）

「横浜アリーナ」は、スパンが108m、屋根鉄骨と仕上材の総重量3000トンの大空間構造であった。工期がないため、下部躯体から順番に屋根構造を架ける工程では間に合わない。通常はベント（仮設支保工）を設置し、屋根の鉄骨トラスを受けながら大屋根を構築する。この場合はアリーナ部分の膨大なマットスラブ作業や重機用の構台を設置するなどの工事が発生し、ベントや構台の解体が終了するまで客席部分の躯体や段床部分の工事ができない。そこで下部躯体と屋根鉄骨を同時施工するために無支保工のトラベリング工法を開発した。これは屋根の端部を基地として、同じ場所で屋根を組み上げ、仕上げまで施工して油圧ジャッキを用いて屋根を横にスライドさせながら構築する工法である（図表2－4）。

図で見るように、屋根の総重量Wの2分の1が片側の下部構造に鉛直力N

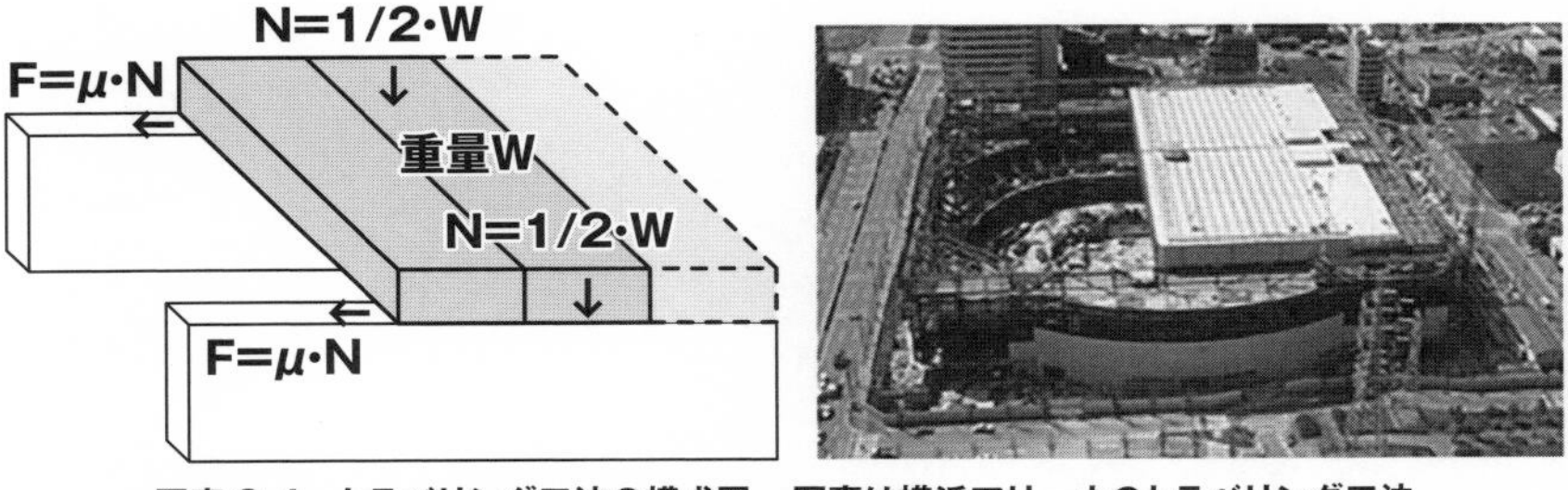

図表 2-4　トラベリング工法の模式図。写真は横浜アリーナのトラベリング工法
直交して作用する力に対し、摩擦を利用して力の方向を転換する

として働く。
その荷重を水平力に置き換えて、限りなくゼロに近い摩擦力Fに対抗して引っ張るのである。この関係は、クーロンの法則により「引く力（摩擦力）F＝摩擦抵抗μ×鉛直力N」と表せる。Fを油圧ジャッキ能力とすると、このμを限りなくゼロに近付けることが開発課題となる。そこで私は材料特性の摩擦係数を徹底的に研究し、特殊合金と特殊レールを開発した。その結果、通常使われていたテフロンとステンレスの組合せではμが0・1のところを0・05まで低減することができ、屋根鉄骨は実にスムーズに動かすことができたのである。

こうして、上下並行作業が可能になったことにより、安全に、かつ工程通り約4か月の工期短縮が可能となったのである。原点は、まさに法則の正しい理解と活用にあった。

一方、技術者は科学者ではない。だから、施工マネジメントは科学ではなく経験工学である。自然法則や公式には理論式や厳格な定義もあるが、実務の世界では、そこまで厳格でなくても支障がないことの方が多い。過剰な厳格さは、むしろコスト的に実現性を阻害する要因にもなり得る。建築を完成させるプロセスには、数多くのパラメーターがある。厳格でデリケートな精密技術を追究するより、タフで、ラフで、かつシンプルな技術が必要とされる場面も多いことを知っておくのは意味のあることである。

技術的な「発想のキレ」という言葉がある。「技術力」の中には、まだ世の中にない、新規的な発想やアイデアを想起する「ひらめき」や「創造性」があり、そこがまた醍醐味でもある。自然法則における因果関係を基に論理的に考えることが技術の定石ではあるが、当たり前の世界から少し飛躍（逸脱）したアイデアも、時には技術開発や改善のトリガーになる。

しかし、どのような場合でも、基礎技術の地道な蓄積が、次元の違う発想を生むことは間違いない。論理と飛躍の相乗効果が「発想のキレ」を生むのである。

一人前の技術者になっていく過程においては、生まれ持った素質や適性が成長を左右する場合がある。いわゆる「理系脳」の人は、幼少期から目の前で起こっている現象のメカニズムや原因にすぐに興味を持ち、探究心や好奇心などが湧き上がる。

素質のある人には、この傾向が強い。ただ、素質が低いからと言って技術者になれない訳ではない。一般的な人に見られる素質の差は、後天的に努力して習得した能力差よりはるかに小さい。エジソンの言葉に「天才は1％のひらめきと99％の努力である」とある。健全な技術者の使命は、日進月歩の最新技術に周波数を合わせたアンテナを常に張り、建築現場におけるハードマネジメントの基盤となる技術力を、いつまでも研鑽し続けることである。

4 スキル　スケッチ・施工図・墨出し・デジタルツール操作

本書では、「スキル」と「技能」は同義語として扱うことにする。

「スキル＝技能」とは、身体が早く正確に動く能力である。施工マネジメントを司る技術者にも、技能労働者のそれとは異なるスキルが必要である。例えば手先が器用で、細かな作業を、再現性を持って、正確に素早くできるのは一つのスキルである。そこで、施工マネジメントに必要なスキルを五つ取り上げることにする。

一つ目は、「スケッチや施工図」のスキルである。「図面力」と言ってもいい。建築は3次元のものづくりなので、つくるプロセスで検討したり、人に伝達する場面においては、文章より図の方がはるかに表現しやすく、理解する上では効果的である。かつて、手描きで図面を描いていた時代には、図面に対する想いや重要ポイントを、意図的に線の太さや濃さに変えて抑揚を付けて表現していた。線の太さが同一であるプリンターの出力図よりも、明らかに表現力や伝達性が勝っており、これこそスキルであった。

ものづくりにおける初期の企画・構想、計画段階では手描きスケッチで検討する方が考えを表現しやすく、詳細な製作段階ではＣＡＤやＢＩＭ（Building Information Modeling）を活用した均質的で誤差のないデジタル線が、寸法精度の正確性や修正作業の効率に有効となる。

方向性を検討する初期段階のスケッチによるコミュニケーションを「スケッチコミュニケーション」という。企画段階から始まり、施工図・製作図に仕上げるためには、作図スキル、納まり知識、もの決め進捗管理スキルの三つが必要である。そこには、基礎的な建築知識、部材製作や現地施工の実現性を検証できる施工知識が求められる。施工図の詳細化が進むにつれて、次第に部材と部材の取合い部分の検討が始まる。随所に現れる「納まり」の検討には、より高度なスキルが求められる。とりわけ、建築主のニーズを具体的に「もの決め」し、仕様やデザインを決めてから、最後の製作に至るまで、この間の承認スケジュールを管理する能力は重要なスキルである。

二つ目は、「測量・墨出し」のスキルである。墨は、すべての専門工種において取付け作業の基準となる。墨の誤差が大きければ、平行直角に美しく納まった建物はできない。測量機器そのものの誤差をどう考えるか、施工済の部位に生じたわずかな施工誤差を墨出し時にどう吸収するかなど、「建物を納める」という意味で、その場の即断を求められる場合も多々ある。

測量や墨出し作業は、現状ではほとんどの場合、専門協力会社に依頼している。しかし、墨の最終確認は施工マネジメントの重要な役割である。私の若いころは少なくとも親墨（通り芯）の立合い確認は必須と考えなければならなかった。自ら簡単に直角を確認したければ、直角三角形の辺の比3：4：5を利用する方法もある。墨を大事にすることは、建築というものづくりの第一歩なのである。

三つ目は、「現地巡回の目」である。若いころ、先輩社員から、「目を閉じて歩いてるのか！ 目の前にあったことが見えてないのか！」と厳しく指導されたことがある。先輩と同じルートで現地巡回しているにもかかわらず、目の前にあった施工済の部位の出来栄えや精度を覚えていない（意識して見ていない）。資材の整理整頓状況やゴミの散逸状態が認識できていない。技能労働者の人数も職種も、ましてや名前も把握できていない。ただ、歩いていただけで何も頭に入っていなかったのである。これではいくら時間があっても、「基準値やあるべき姿」との対比としての現地管理ができるはずがない。

このようなありさまだから、些細なことにポイントに焦点を合わすズーム眼を持って、何かの「予兆」に気付くなど、到底できはしない。私は、このような状況から脱するために、先輩の貴重なアドバイスに加えて、先達の蓄積してきた既往のチェックリストを活用し克服していった。チェックリストは先達たちの熟練した見るポイントなのである。

そして、現地巡回ポイントを逐一見ながら「注意力」を鍛錬し、徐々にチェックリストを見なくとも現場をひと目見ればQCDSEMに関する多くの情報を同時に頭にインプットできるようになった。目的意識を持って巡回することで、現場を見る目が大きく変わるのである。

四つ目は、「デジタルツールの操作スキル」である。今や時代は、IT（インフォメーション テクノロジー）による業務の効率化が基本的な仕事のありようになっているが、2018（平成30）年ごろからDX（デジタル トランスフォーメーション）という新たな概念が登場し、業務そのものや、組織、プロセス、企業文化・風土まで変革しようとしている。

かつて1990年代後半にwindows PCが普及し始め、インターネットが社会インフラにまで成長した。さらに2010年代にはモバイル携帯端末が現れ、新たな周辺機器やアプリケーションソフトが市場に溢れ出た。最近では、新型コロナウィルス感染症の流行を機にテレワークが企業内に市民権を得てウェブ会議が日常茶飯事化している。2022（令和4）年には「ChatGPT」に代表される「生成AI（人工知能）」が世界を席捲し、仕事そのものが大きく変わるのではないかと期待と不安が話題になっている。無論、その恩恵は建設業においても計り知れないものがある。例えば図面領域においては、3次元CADに始まったBIMが浸透し始めている。すでに絶大な効果を上げたプロジェクトも出てきている。

すべては情報伝達やデータ処理の道具ではあるが、デジタル処理は非常に正確で速いため作業の効率化ができる。人が重要な判断時間を捻出するための有効なツールとも言えるので、施工マネジメントにおいてもデジタル化は有効な武器とすべきである。

五つ目は、「思考的スキル」である。思考的スキルとは、知識や理屈を理解できていて、かつ、その場に直面した時にその知識が発揮できる思考力のことを言う。「知恵」とも言えるかもしれない。

例えば、「MECE思考（Mutually Exclusive, Collectively Exhaustive：モレなく、ダブりなく）」などがある。頭で分かっていても、最初に浮かんだ案以外に思い浮かばないことがよくあるが、この場合、思考的スキルは未熟ということである。

「改善思考」も思考的スキルの一つである。改善せよとは言うものの、無意識のうちに現状維持や保守的発想が巣くっていて、効果的改善ができないのは、思考的スキルが身に付いていない証拠である。こうした思考的スキルは、「感性」に近いかも知れない。「優秀だけど感性が今一つ」「もっと感性を磨くように」という場合、思考的スキルが不足しているということである。感性を磨くには、感動体験を積み重ねる必要がある。絵画などの美術や音楽、旅行した時の感動体験など、本当に素晴らしいものに接する機会を多く持つことが、良いものを良いと感じることにつながっていく。意識的に「好き嫌い」を自覚することでも感性が養われると言われている。好き嫌いがあるのは、自分に軸となる判断基準があるということである。

5 計画力・実行力　綿密な計画と着実で大胆な実行

計画力　PDCAサイクルのP：Plan（計画）

計画力とは、「限られた資源を、より少ない投入量で、いかに効率的に、より多くの成果を上げられるか」という技術力のレベルを問う重要な能力である。建築現場での計画力の優劣は、建物の品質レベルばかりでなく、リスクミニマムな安全確保、適切な調達の実行、スムーズな工程進捗につながり、ひいては関係者の負担量に大きな差異を生む。

計画力をもう少し細分化した場合に、重要な三つの要素を紹介する。

一つ目は「先見性」である。起案した計画によって竣工まで、日々刻々変化する状況を、精度良く頭に思い浮かべながら、複数の計画案を立案し、最適案を選定して実施計画に落とし込む先見性が求められる。

二つ目は「創造性」「企画力」である。発想力、ひらめき、デザイン思考とも言い換えられる。建築は一品生産なので、部分的なモックアップやバーチャルなＢＩＭモデルを除くと、事前に実物と同じものを見ることができない。周囲の施工条件も常に変動している。ここが工場生産と根本的に異なる。新しい建築物の施工計画をつくり出すためには、無から有を生み出す創造性や企画力が必要なのである。

三つ目は「予防思考」である。問題を発生させないためには、「予防策が最良の対策である」とよく言われる。何も起こらなくて当たり前、問題を起こさないことが第一である。過去の失敗事例を基に再発防止策が講じられているが、それを事前計画に盛り込むことは極めて有効である。そこには応急措置や恒久措置が記されている。問題が起きた時には、そこからの応用力を活かして対処ができる。注意すべきことは、問題の発生時には応急措置や再発防止策をつくるが、大惨事が起きたにもかかわらず、「のど元過ぎれば熱さを忘れる」となりがちである。常日ごろからの計画に、先達の苦労の蓄積であるトラブル予防策を盛り込むことを忘れてはいけない。「歴史を振り返ろう！」である。

特殊技術の必要なプロジェクトにおいては、継続的に類似プロジェクトが起きない限り、せっかくのノウハウが途絶えて自然消滅することがある。このような場合には、経験者を頼ってヒヤリングすることも重要な情報源である。

このような三要素をふまえた上で、実施施工計画について考えてみた。

最終的に実施施工計画を決断するには、検討要素が実に多い。複数の計画案に対して、構工法や作業手順、作業動線、重機の選定・配置計画等を立案し、安全・品質・工期・コストにかかわるメリット・デメリットを評価し、総合的判断で合理的な案を選定する。

採用計画に対しても常に課題を抽出し、内在するリスクを洗い出し、予防を含む対策を準備しておかなければならない。隙のない施工計画こそが、いざ実行時に何が起きても円滑に対処できる万全の準備なのである。

例えば、重量物を扱う場合には部材の強度確認が必須である。必要断面の検証、施工実現性の検証など安全性を検証しておくことが重要である。人の作業動作や道具寸法も考慮して施工実現性を確保することは最低限であるが、計画内容をより合理的な良いものにするには、工夫やアイデアが必要な場合もある。

次のステップは計画内容を表現する施工計画図の作成である。その際の目の付けどころを紹介する。これらは可能な限り分かりやすく、かつ網羅的に記載する。計画図に余白がある場合には、断面詳細を記入するとより情報量が充実する（図表2－5）。

ポイント1　周辺環境も含め施工条件・制約条件。具体的な作業時間や作業条件など
ポイント2　人や資機材の動線（出入口、水平移動・垂直揚重）
ポイント3　作業ごとのゾーニング・ヤード・エリア分け
ポイント4　資材置場、仮設電気設備など場所をとるものの配置（主な寸法は必ず明記）
ポイント5　タテ開口（シャフト）ごとの色分け
ポイント6　重機の配置（設置スペース）、運搬車両の移動時軌跡（実寸で）
ポイント7　タワークレーンなど主要な揚重機の作業半径・吊り能力

実行力　PDCAサイクルのD：Do（実行）

実行力とは、「計画を確実かつ正確に遂行する力」である。実行力には、個人の実行力と組織の実行力がある。ここでは、建築現場における組織の実行力について、主な重要ポイントを示す。

①実務者の担当工事に関する目的と計画内容への深い理解

②目的と計画内容の技能労働者への事前周知

❶周辺施工条件の記入

❷人・モノの動線

❸作業ヤード・エリア

❹資材置場・仮設設備

❺床開口・階段タテシャフト

❻大型重機配置車両軌跡

●ベース図に明記
- ・建築外形、外寸
- ・柱梁配置
- ・足場等仮設物
- ・工区
- ・主要数値

❼揚重機の能力×作業半径（最大揚重物）

●明記が必要な周辺の施工条件
1. 敷地境界:境界線、仮囲い・ゲート、道路占用範囲、警備員等
2. 道路条件:道路幅、規制（一方通行、大型制限、時間規制等）
3. 周辺工作物:電柱・高架線・交通標識・電波等
4. 周辺埋設物:ハンドホール、共同溝、ガス給排水等の埋設インフラ
5. 近隣建物:配置・隣接寸法・構造・基礎形式

●建築概要（諸元）
1. 用途
2. 構造・階数・基礎形式
3. 敷地面積・建築面積・延床面積
4. 最高高さ・最深深度
5. 特殊性

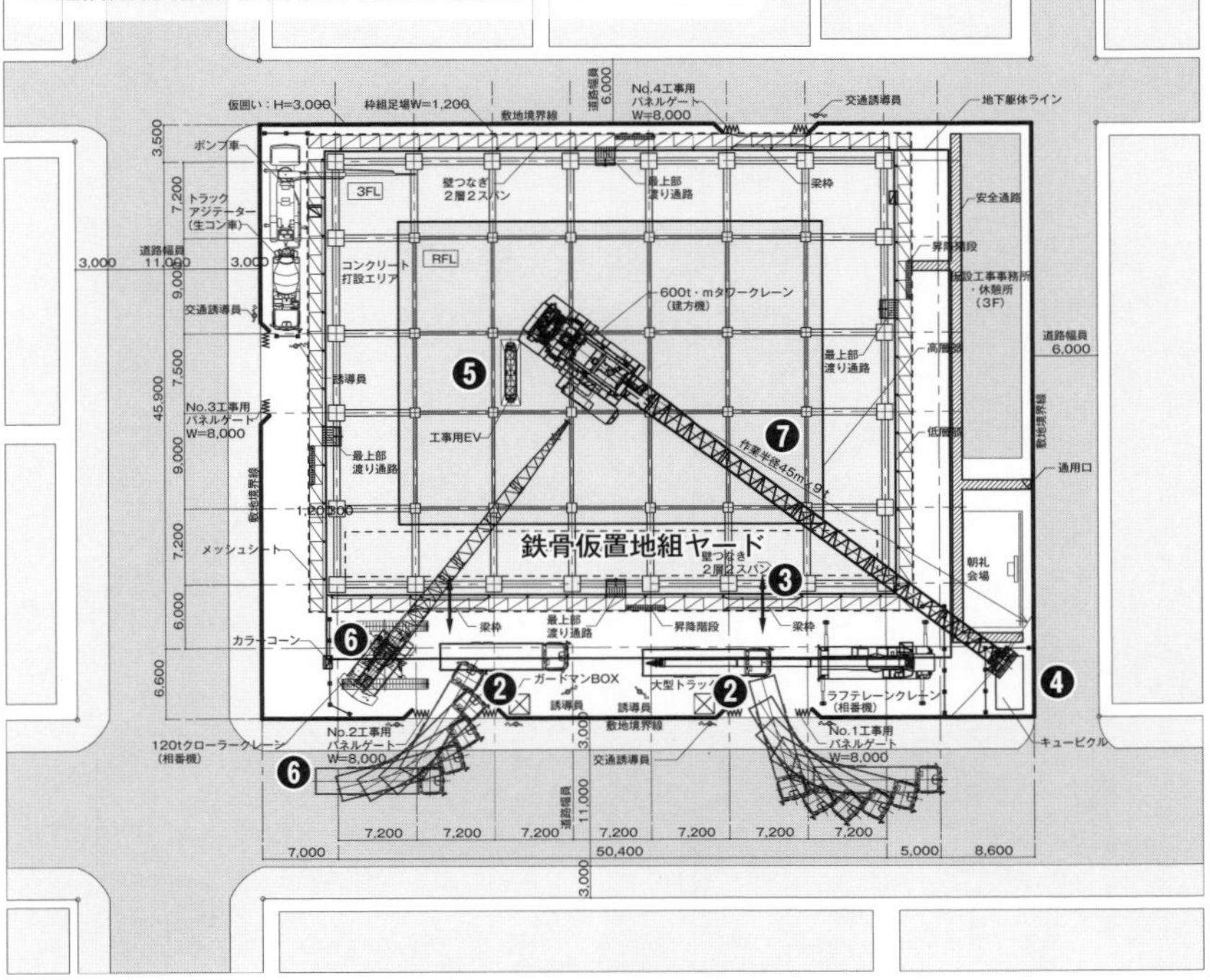

図表 2-5　施工計画図のポイント

検討した結果を「施工計画図」に表現する

③明確な開始と終了の合図
④実務者を有する技能の発揮に集中させること
⑤統率性のある指示・連絡
⑥敏速かつ本音の報連相ができる環境の整備
⑦不測事態に即応できる対応体制の構築

これらのポイントによる「緻密な計画と大胆な実行」「一貫性ある計画方針と臨機応変な対応」が、阻害事象や変動に臆することなく、しなやかな動きができる基盤となり、それが現場第一線の強さである「現場力」となる。

6 検査力・改善力　監視モニタリング・改善のサイクル

建築現場では、現地・現物の出来形、人の行動、作成された資料などをチェックし、必要な場合には是正する能力が求められる。施工管理技術者としては、「施工マネジメント」の中でもコア業務の一つである。

M 検査力　PDCAサイクルのC：Check（検査）

検査の目1　工程過程を、合否判定の基準値と完成形と対比してみる

チェックの代表例は、工種ごとに行う中間検査・完了検査である。検査で不適合を検出するには、判定基準と比較して不足であることを見抜けるスキルが必要である。「違いの分かる○○さん」にならなければいけない。チェック密度や頻度が低いと見落としが生じ、検査効率は落ち、チェックの期限も守れない。出来形、表面仕上げの不陸・ムラ・傷汚れなど、施工プロセスの状態を見て、あるべき完成形との差異を推定できる目を持たなければならない。

検査の目2　全数の外観検査をする

検査には全数検査と抜取り検査がある。現場は原則、全数検査である。ただ、すべてを測る、すべての箇所の記録を残す、すべての施工写真を撮ると言っているのではない。鋭い観察眼を持っていれば、外観目視だけでも相当な全数検査ができる。「あるかないか」「間隔や通り（直線性）やレベル」「平行・直角・水平・垂直」を見るだけで判定できる観察眼を持ちたい。加えて最終形をイメージした観点で見ると不具合は見えてくる。

検査の目3　多くを同時に多面的に見る

1回の現場巡回で、いかに多くの現地情報を入手し、同時にマルチチェックできるかが品質精度の確保や業務効率向上に効いてくる。チェックフィルターは、工程進捗度、寸法精度、安全施設確認、危険行動チェックなどである。

検査の目4　「間違いやその予兆は必ずある」という意識で見る

漠然と見ていたり、うまくできているはずだという臆測で見ていると、細かい不具合を見落としてしまう。チェックする時は、「どこかに間違いは必ずある。絶対探し出してやる」という意識で見なければならない。また大きな間違いや不適合の始まりは、極めて小さな予兆からである。事象が小さなうちに是正できれば大きな間違いには至らない。予兆を見逃さないことが、現場の熟練スキルである。

M 改善力　PDCAサイクルのA：Action（改善）

不具合やトラブルは、関係者に早く、正直に、ごまかさずに伝達することが重要であり、小さな不具合は許容範囲におさめる能力も必要である。

検査で不適合となった場合に改善するコツを紹介する。それは、「逃げをとるか、つくり直すか」の選択である。「逃げをとる」とは許容誤差の中に納めていくこと。それでも対処できない不具合と判断したら、再施工に踏み切る。迷っていても時間が過ぎるばかり、後々のことも考慮すれば「急がば回れ」が功を奏することが多い。

現場管理のマネジメントには、様々な手法が提案されている。特に工場での大量生産が主体の製造業では、早くからそれらを活用・展開し、成果を上げてきた。建築現場でも、製造業の品質管理手法を導入し、中でも「QC（Quality Control）的問題解決法（PDCAサイクルを回したり、QC手法を駆使したりすること）」が、会社としての大きな取組みになっていった。1979年にはデミング賞を受賞するレベルに達した建設会社も出始め、一世を風靡したとも言える。

私が勤務していた建設会社でも全社的QC活動「TQC」が活発であり、私も積極的に参画した。実際に実施してみるとデータ収集や分析などの負荷が大きく、一つの建築現場では1回きりのPDCAサイクルしか回すことができず難しさも感じたが、他の手法に比べて比較的シンプルなので成果を実感することもできた。

この手法の大きな特徴は、高度な専門知識を持たなくても、手順に従ってデータを整理し、要因を掘り下げ根源の要因となる真因に迫る「なぜなぜ分析」を繰り返すだけで問題解決の糸口がつかめるところにある。

建築現場は、「在庫できる大量生産品でなく、工期のあるオーダー品」のものづくりの場であることから、計画重視でスピード感のある「QC的問題解決法」を活用しなければならない。更に「天候の影響や技能者の技能レベルのバラツキが不可避」なものづくりの場でもあるため、少々の環境変動の影響や、技能レベル差のある人がやってもできるラフさとタフさ、シンプルさの要素を、前述の手法や施策に付加しなければ実効的にならない場合もある。

QC的な見方や考え方（図表2-6）

QC的問題解決法を簡単に説明する。

合理的・科学的・効率的・効果的な指向と「プロセス重視」や「重点指向」

QC手順（問題解決型QC手順）（図表2－7）

1　問題抽出、2　現状把握、3　要因分析、4　対策立案、5　対策実施、6　成果・効果の確認　7　再発防止・標準化

QC七つ道具：データ分析手法（図表2－8）

現場で起きた事象を定量的にデータ分析する手法である。パレート図、特性要因図、グラフ、チェックシート、ヒストグラム、散布図、管理図

※定性的データを扱う新QC七つ道具もある。

層別：すべてのデータをプロットすると一見ランダムで規則性や傾向がみられないが、属性などで層別すると顕著に見えてくる。

QCサークルによる問題解決活動は、形骸化しているとか、データ処理・分析の負荷が増大するとか、過剰な手法展開であるとか、目的とプロセスが混同しているなど問題視する向きもあるが、QCの思想は職場の問題解決だけでなくメンバーの改善指向を醸成する上で非常に効果的である。

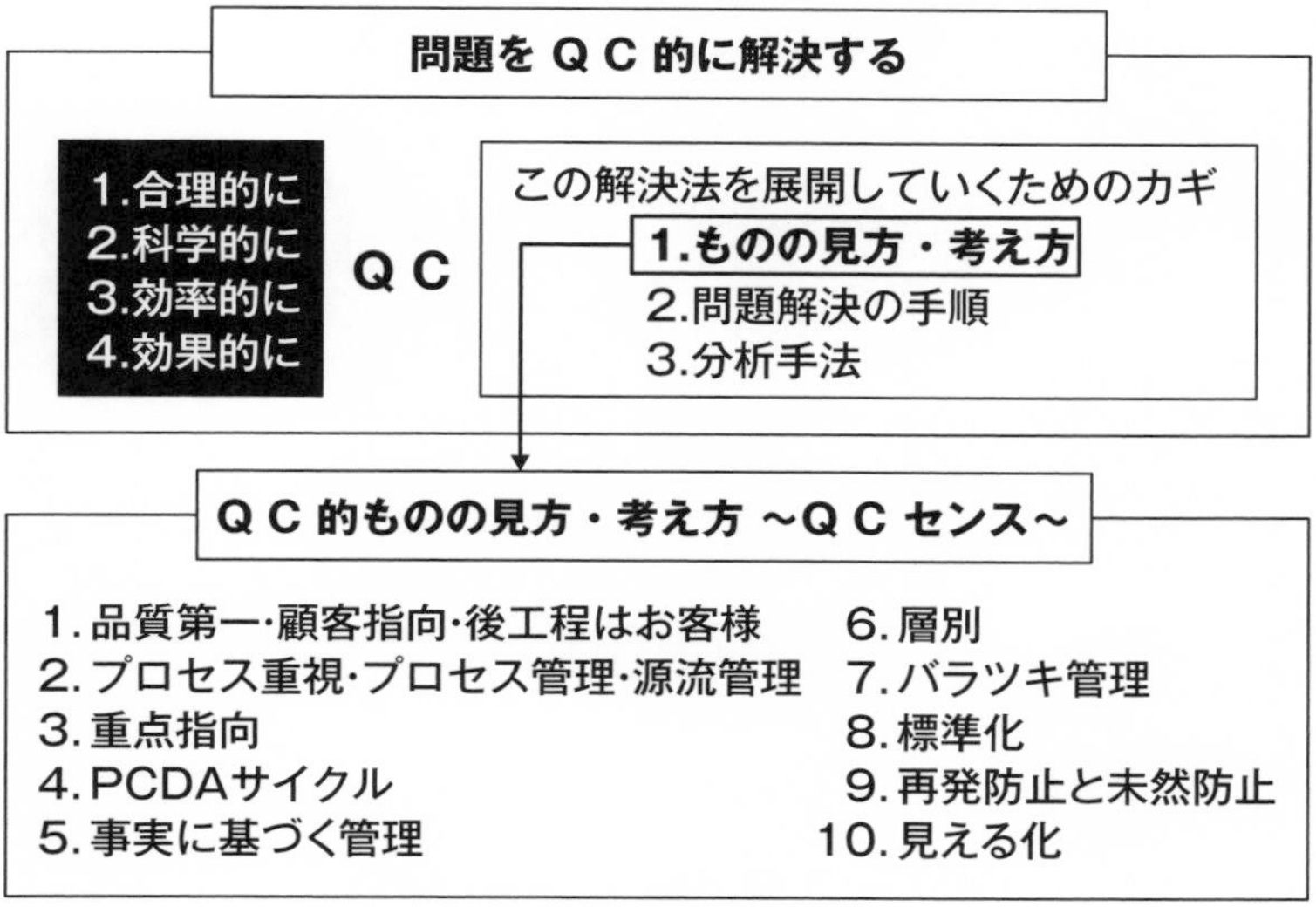

図表 2-6　QC 的な見方・考え方

合理的・科学的・効率的・効果的

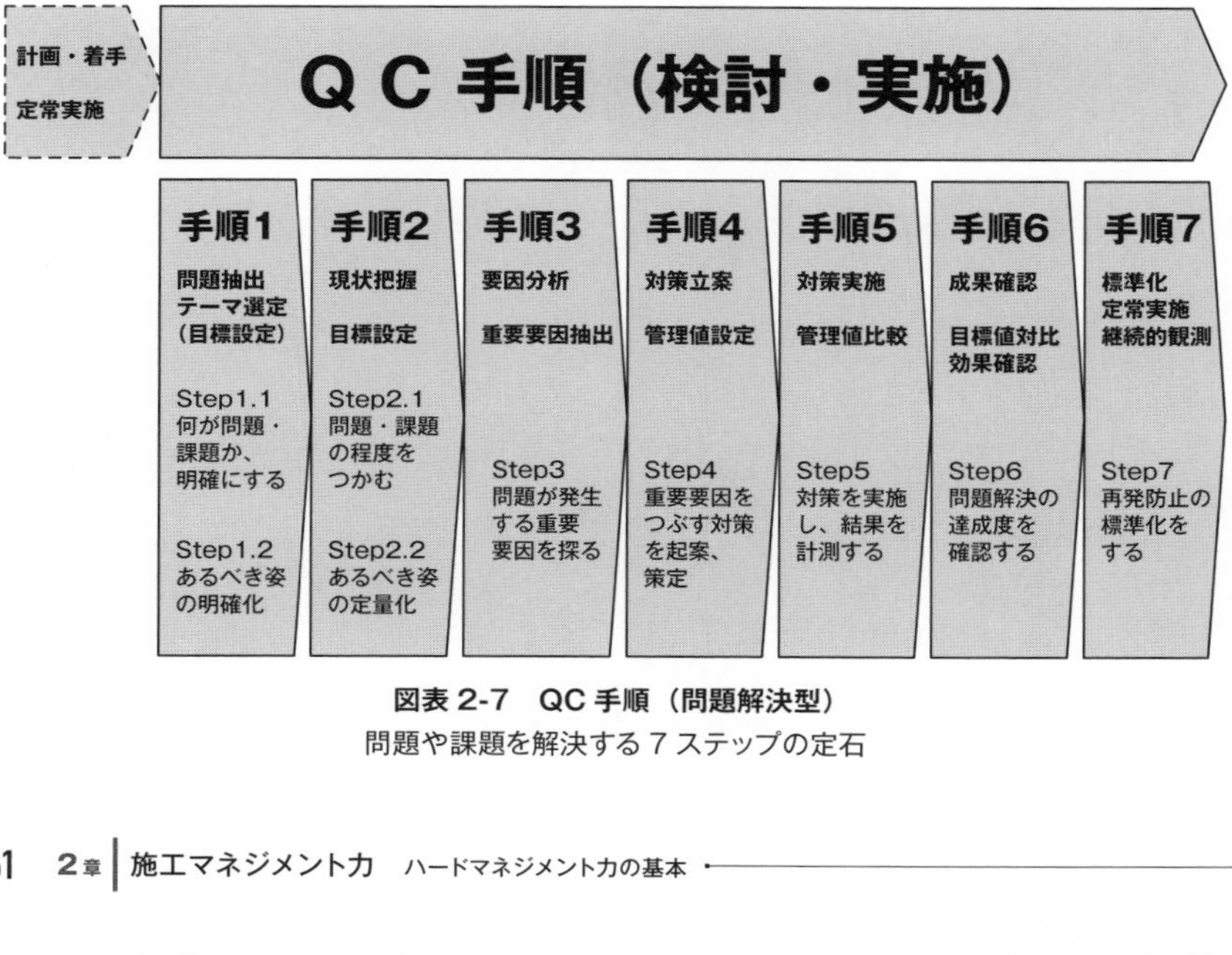

図表 2-7　QC 手順（問題解決型）

問題や課題を解決する 7 ステップの定石

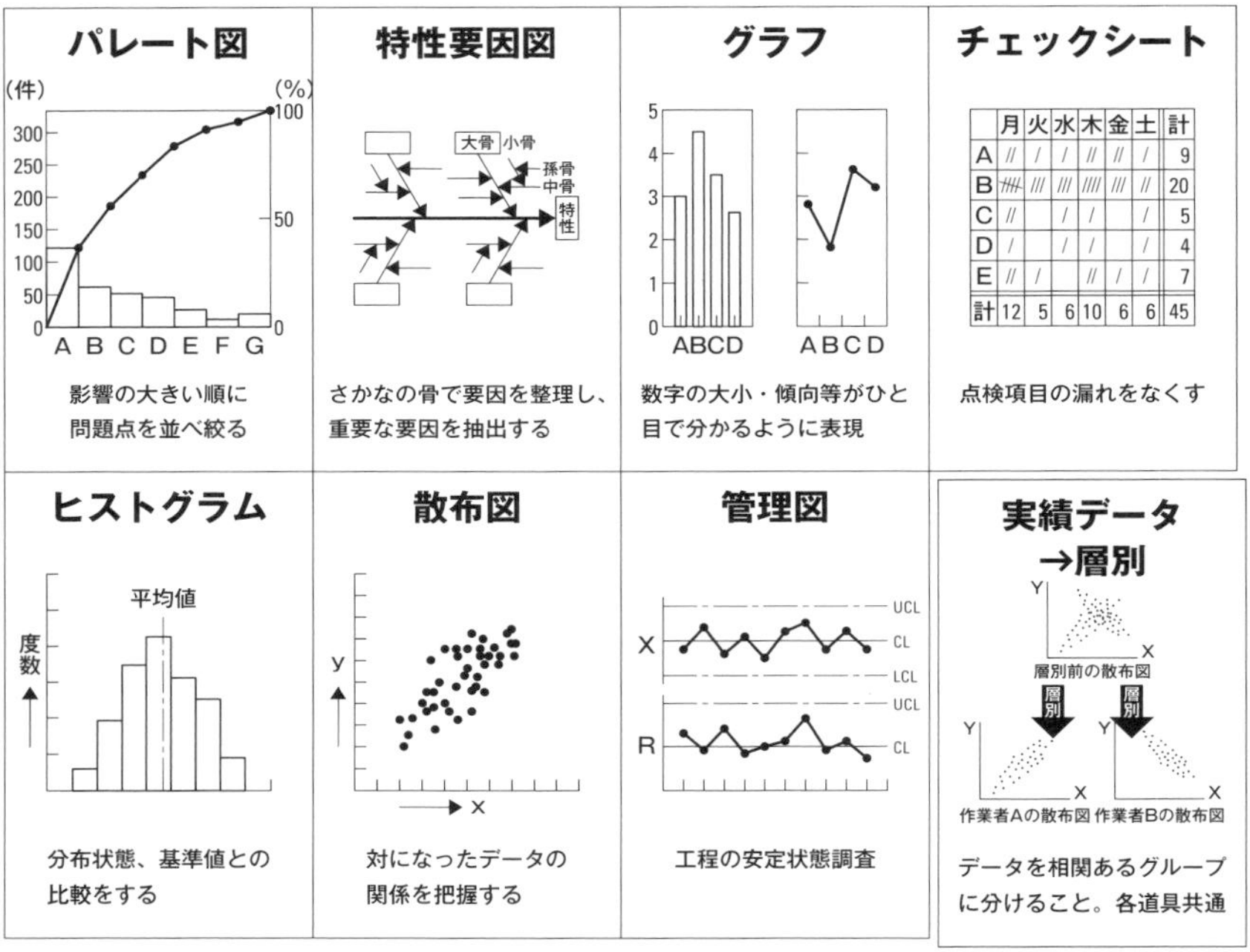

図表 2-8　QC 七つ道具と層別

現場の問題解決に定量的データ分析をする手法を活用する

M 3章

施工マネジメント力

ソフトマネジメント力の基本

ソフトマネジメント力は、「目的に向かって目標・道筋・課題の設定を行い、ヒトやモノ・カネを動かすマネジメント力」である。ハードマネジメント力が「建築そのものを施工する上で、物理的・技術的なテクニカルスキル」を求められるのとは異なる。

ソフトマネジメント力の主要10能力

一般的な施工管理力養成プログラムは、ハードマネジメント力向上に重点を置いており、ソフトマネジメント力については、人材管理や営業ノルマ達成的な側面がほとんどで、建築現場が求める能力を網羅しているとは言い難かった。

そこで、私は様々な能力の中から建築現場に必要な10項目の構成要素を抽出し、ソフトマネジメント力を整理した（図表3－1）。「ゴール設定力」から「人間的魅力」まであり、経営的視点だけでなく、まさに建築現場に必要とされる視点で選んでいる。

No.	ソフトマネジメント構成能力	関連能力・キーワード等（構成要素の事例）	構成能力が不足している状態
1	**ゴール設定力**	ビジョン設定・あるべき姿設定・目的認識・目標設定・課題抽出　等	芯や筋が通らない・志が低い
2	**戦略・戦術策定力**	重点方策起案・シナリオ策定・組織構成力・進捗管理力 等	場当り的・策が無いまたは悪い
3	**課題解決力**	豊富な引出し・経験・知識・スキル・柔軟性・チャレンジ精神・改善・発想力　等	問題が解決できない・頭が固い
4	**論理的思考力**	ストーリー構成・要因や仕組み探究意識・客観性・洞察力　等	感情的・主観的・非合理的
5	**情報力**	情報選択力・統計手法スキル・情報処理　等	視野が狭い・本質がつかめない
6	**リーダーシップ**	統率力・強い意志・推進力・主体性・自己成長意識・貢献思考　等	組織がまとまらない・求心性がない影が薄い・孤立感
7	**育成力・評価力**	対部下指導力、対協力会社教育、公平的評価　等	後進が伸びない・利己的・不公平・見る目が無い
8	**コミュニケーション力**	聴く力・伝達力・説得力・交渉力・調整力・表現力（言葉以外含む）　等	伝わらない・言っても無駄・決裂／誤解散見
9	**人的ネットワーク**	社内外人脈・公私人脈・多分野多方面の人脈	孤独・関係薄い・交流なし・独善的
10	**人間的魅力**	思いやりがある・心配り・誠実・懐の深さ・感性／スタイルを持っている・言動や性格が好感　等	薄情・冷徹・殺伐・面白くない・ありきたり・無情・意地悪い

図表 3-1　ソフトマネジメント力 10要素

様々な能力の中から建築現場に必要なソフトマネジメント力を抽出し区分整理した

1

ゴール設定力

志を持つ力。どうしたい、どうすべきかの明確化

ゴール設定力とは、「ものごとが完結する姿を設定する能力」であり、終わった時の成果をイメージし、目標を設定する能力である。建築主のニーズを反映できたか、竣工時の建物の出来栄えは目標通りかなど、達成度を示す地点がゴールである。結果として、建築主からの信頼度が増し、参画した作業所メンバーも大いに成長することもゴールの一つである。「夢」「願望」「志」「ビジョン」「理想像」などと表現されるかもしれないが、人間は、常に自分のゴールをイメージしておくと、前向きになり成果も大きくなる。

組織のリーダーは、メンバーや協力会社にゴールの姿を示し、自身の想いを共有・共感することにより、各人が自主的に行動するようモチベーションを高める必要がある。ゴール設定は冷静かつ慎重に行い、先見性や合理性があるものとし、メンバーの腹落ち感が得られるものにしなければならない。そのためには、達成可能なゴールを、だれもが理解しやすい言葉で伝え、価値観を一致させて具体的にモニタリングしていくこと、期限を明確化にすることが、大事なことである。最終ゴールばかりでなく、途中経過をイメージしやすいように、中間的な「マイルストーン」を示す必要もある。もしもゴール設定力が不足したらどうなるか。一貫性のない、現実的でもない、最終形すら分からない、いつかメンバーが迷ってしまう、といった状態に陥り、結果的に求心力を失い、リーダーの存在意義が危うくなってしまうのである。

ゴール設定の考え方

建築現場における組織のゴールを示す手段として、着工時に「作業所長方針書」を宣言する事例がある（図表3−2）。そこには、建築主ニーズや施工条件が示され、これを受けて作業所長が目指す、品質・原価・安全・工期・環境などの目標・重点方策・管理値が明記されている。メンバーは、これらを定期的にモニタリングし、工事進捗とともにPDCAサイクルを回していく。協力会社に対しては、職長を集めて、作業所長自ら熱き想いを語り、プロジェクト成功に向けてベクトルを合わせる活動も実施している。

ゴール設定に際しては、認識しておくべき「身の丈に合ったゴール設定」について、触れておきたい。

建物の建設を請け負うということは、何もない空間に、これから一つひとつ、つくり上げるということである。建築主の期待を上回る、業界一のトップレベルを目指すのか、法遵守さえできていれば出来栄えにはこだわらないのか、設定するゴールによって、プロセスも投入するマンパワーも異なってくる。

ゴール設定が高いことが良いとは限らない。プロジェクトに与えられた条件を考慮しながら、都度、設定するのである。身の丈に合った目指す姿を追求するには、少し高めのゴール設定が効果的である。

人は達成感でやる気が出る。期中のマイルストーンにおける到達感でモチベーションを維持し向上させるゴール設定も効果的である。インパクトのある高いゴール設定も一つの策ではあるが、ハードルが高すぎると、目標の達成を最初から諦めて、達成意欲なく活動するメンバーが現れるので配慮を要する。

ゴールには三つの種類がある。唯一の頂点を目指す非常に高い「点ゴール」マラソンのような完了地点を示す「線ゴール」と、サッカーのようなある枠の許容範囲内に入ればゴールとなる「面ゴール」である。このうち「点ゴール」では、永遠に終わらないケースがある。そのようなゴールはメンバーを疲弊させ、ゴール未達が慢性化して、無意味なゴール設定になってしまう。目標未達はモチベーションを低下させ達成感喪失につながってしまう。目的の目標と手段の目標を混同してはいけない。

リーダーの取り組む仕事は、理想的ゴールと現実的ゴールをよく見て、個人とチームの能力を最大限に活かすことだと自覚しなければならない。

工事名	ABC新築工事	作業所長方針書　(00版)	作業所長	●●　●●●	作成	2024年4月1日

建築主・設計者のニーズ

1. 開業の都合上、工期を厳守してほしい
2. 同敷地にある既存棟と調和のあるものにしてほしい

所長の想い

1. 建築主の想いをかなえ、関係者に満足を与える
2. 社内最高レベルの仕事を地道に遂行するスローガン「スピードと笑顔で凡事徹底」

環境・建物特性

1. 既存隣接建物を供用しながらの工事
2. 建設する敷地出入り口は、通学路であるため、通学および第三者に影響を抑える配慮が必要。

本工事の主な課題

1. 設計工期および施工工期が短い
2. 既存インフラ・来客動線への影響や、騒音振動による迷惑が懸念される

上位方針

更なる顧客志向の徹底と収益性を重視した生産活動を継続する

1. 現地現物での安全・品質管理活動を徹底し、災害、品質問題の発生を防止する。
2. 環境保全活動を着実に推進し、環境負荷低減する。
3. 建築主と契約した工期を厳守する
4. 生産性を向上させ、適正利益を確保する
5. 働き方を改善する

機能区分	方針	目標値		重点方策			担当者	管理サイクル
		評価項目	数値		管理項目	管理値		
S(安全)	全工期無災害を達成する	災害発生件数	0件	1)危険・有害要因作業の着手前打合せ会を実施する 2)墜落落下・飛来落下・第三者災害防止を重点に、安全設備の点検を確実に行う	計画実施率 統責者巡回(2回/日以上)実施率	100% 100%	○○ △△	各危険・有害作業ごと 毎月
Q1(品質)	コンクリートのひび割れを防止する	目地部以外の有害ひび割れ発生	0か所	1)亀裂誘発目地のコンクリート図への表現とコンクリート図通りの施工を行う	目地表記漏れ図面枚数 施工漏れ件数	0件 0件	○○ ○○	型枠加工前(毎回) コンクリート打設前
Q2(品質)	漏水事故(建築)を防止する	自主検査時散水漏水箇所	0か所	1)期中漏水試験を実施する	試験時漏水箇所の対策実施率	100%	△△	足場解体前・隠ぺい前ごと
C(損益)	指示利益の達成	目標利益の達成率	100%以上	1)調達グループと連携し、予算内購買を実施する 2)追加変更工事の見積利益率確保 3)手戻り作業を低減させる先行現地管理	予算内契約件数比率 追加工事利益率 手戻り精算金額	90%以上 15%以上 0円	△△ ○○ ◇◇	月ごと損益見込時
D(工期)	建築主要求工期を厳守する	引渡遅延日	0日	1)施工図承認工程・納期工程を管理する 2)マイルストーン日を厳守する	遅延対策実施率 遅延日数	100% 7日以内	△△ ○○	図面進捗ごと 各マイルストーンごと
E(環境)	建設副産物のリサイクルを推進する	建設副産物リサイクル率	77%以上	1)計画時にリサイクル工法、リサイクル材料の採用を検討し、リサイクルを推進する 2)分別回収を徹底し、リサイクルを推進する	採用件数 建設副産物リサイクル率 混合廃棄物率	10件以上 83%以上 5%以下	○○ ◇◇	計画時 月累計算出時 月累計集計時

図表3-2　作業方針書の事例

作業所長の想いを機能別に整理し、目指すゴールの定量的イメージを伝える

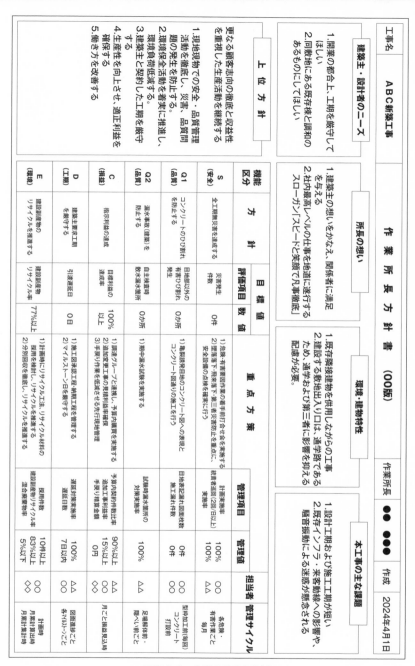

2

戦略・戦術策定力 達成できる作戦を生み出す技

「戦略」は、ゴール到達のために何をするか、到達目標とシナリオを示すものである。「戦術」は、ゴールへ進む具体的な方法や技術であり、どう実践するかを示すものである。「戦略」は、「ロードマップ」「アクションプラン」「計画書」などの戦略書を作成することで表現する。

建築現場では、着工前に必ず課題やリスクを抽出し、対策を整理しておく必要がある。そうすることで、影響の大きさを知り、解決に向けての課題の重み付けができ、限られた時間とマンパワーで何を優先して取り組むべきかの重点思考が可能となる。いわゆる「リスクアセスメント」である。建築現場には竣工日が設定されており、投入できるマンパワーの限界という条件もある。組織を動かし、期間内に課題解決できる戦略・戦術を策定する必要がある。詰めの甘い計画は内容が稚拙で、結果として無駄や無理が多くなる。そのことは、現場内の雰囲気も著しく悪化させる。よくあるのは、現場の特殊条件を考慮しなかったために、想定外の致命的な事象に直面し、トラブルが発生するパターンである。やることが後追いとなり目先だけの応急的な対処に追われ、工期遅延やコスト大幅増という、設定したゴールに反する状況に陥ることになる。

施工計画は、戦略・戦術策定力の実践の場

施工計画は、建築現場の戦略・戦術を示すものである。その中でも工程計画は「戦略」すなわちゴールま

での道のりを示すものである。設計図に示された完成形の意匠・構造、多くの施工条件を咀嚼し、高度な専門技術力に基づき、目標とする品質・工期・コストに見合った工法選定を行い、工事全体の流れを組み立て、施工数量と投入資源を勘案して着工から竣工までのプロセスを戦略的・戦術的にストーリー立てる。これは、建築現場に従事する者の基本となる能力である。

「工程表」は、プロジェクトにかかわるすべてのステークホルダー、とりわけ技能労働者への羅針盤にもなる。工程表の優劣は、建築現場への参画者全員に非常に大きな影響を与える戦略性の高いものである。「工程表をつくる者が、その現場を仕切る」と言われる所以である。

3 課題解決力　すべての業務は課題解決活動

課題解決力とは、過去や現状、すでに生じている不具合である「問題」や、将来に発生する可能性のある問題である「課題」に対して、解決または予防する能力である（1章、図表1‐3）。

建築現場において、品質管理の日常活動は主に「問題解決力」が必要とされ、施工計画の策定においては主に「課題解決力」が必要である。ここでは合わせて「課題解決力」としている。これが不足すればトラブルに巻き込まれることになるか、解決できずに低い成果に甘んじることになる。

2章「7　品質管理や課題解決の手法」では、QC的問題解決法の概要と特徴に触れたが、ここでは、「QC手順」について「問題解決型」と「課題達成型」の手順を紹介する。

問題解決型のQC手順

手順1　問題抽出（すべての問題の洗出しと重点問題の選定）
手順2　現状把握（重点問題の定量的な現状把握）
手順3　要因分析（モレのない洗出しと重点化）
手順4　対策立案（対策要領策定、スケジュール計画）
手順5　対策の実施
手順6　成果、効果の確認
手順7　標準化（定常実施・継続的観測・再発防止）

課題達成型のQC手順

手順1　攻めどころの設定（ねらいに対する課題の洗出し、重点化、テーマ選定）
手順2　目標の設定（重点課題の将来の目標と見込みのギャップの定量的予測）
手順3　方策の立案（阻害要因分析、方策起案、スケジュール計画）
手順4　成功シナリオの追究（方策の具体化、更なる向上策、ねらいへのシナリオ）
手順5　方策の実施

手順6　成果、効果の確認
手順7　標準化

プロジェクトには必ず「課題」と「リスク」があり、これらに対する「対策」を着工前後に整理し、準備しておくことが極めて重要かつ効果的である（図表3－3）。そうすることで何を重点指向し取り組むべきかが分かり、現場のベクトルを合わせることを習慣化することができる。

課題解決手法の基本の手順を高速に繰り返すことが、製造業分野といった大量の同じ製品を品質管理する場合は有効である。しかし建築現場に適用する場合は、建築現場特有の特性に合わせて少し応用し活用することが必要である。繰り返すが、建築現場は一回勝負的な場なので「計画重視」が求められ、「タフかつラフで、シンプル」な対策が必要なのである。

建築現場で、この「課題解決力」が高い場合は、事前の予防策により問題が発生しない。また発生した問題に対し立案したアイデアで解決していき、更に状況が変動していくことに対しても適応でき、次々に順応し解決していくことができる。課題解決の過程の対策立案で生まれたアイデアの中で、既存の技術や工法がない新規性のあるアイデアは、特許性のあるものである。特許出願し権利化することは、その対策アイデアの独占性権利の実益や、改善指向への動機付け機会の一つとなる。

そもそも建築現場は、問題や課題に溢れている。むしろ、その解決活動そのものが施工管理、施工マネジメントの役割と言っていいのである。

分類 整理 NO.	課題	リスク	対策	進捗管理 担当	進捗管理 期限
施工計画 01	軟弱地盤（N 値 0）、高水位（GL-1.0 m）における掘削が 15 mと深い	・山留めの倒壊・周辺地盤の大変状（周辺沈下、埋設インフラ破損など）	・慎重な山留め計算（地盤定数）に基づく断面計画・安全性を確保した山留め部材設計	○○	2024/03/31
			・高密度の計測管理・緊急時対策の事前準備と訓練	△△	2024/03/31
安全 01	超高層ビルの塔屋外壁作業における安全作業の確保	・作業員の墜落・資材の飛来、落下・台風時の足場の倒壊	・地組、ユニット化による高所作業の最小化手順・足場、手すりなど作業用安全施設の計画	○○	2024/06/30
			・作業員の厳選、指導と固定化・毎日着手前のRAKY と現地点検	△△	2024/06/30
品質 01	最上階の眺望温泉大浴場の防水性の確保	・下階への漏水による部屋使用への支障	・浴場の止水ラインの全タイプ納まりの形成・防水層端部の処理の納まり形成・配管貫通部の処理納まりの検討と施工図策定	○○	2024/11/30
			・防水工事および取合い工事の現地工程管理・水張り試験	△△	2024/11/30
		・浴場入口部から脱衣室への浸水・浴槽からの逸水	・入口建具下の止水ラインの形成・入口床に脱気側溝の設置・浴槽の水抜け防止の防水層の形成	○○	2024/11/30
		・天井水滴のお客様動線への滴水	・天井水滴の経路、勾配、仕様の検討、納まり図策定	△△	2024/11/30
		・温泉成分による金属腐食	・事前の成分の腐食試験による仕様選定	○○	2024/11/30
……	……	……	……	……	……

図表 3-3　課題解決シートの事例

課題解決は思考的スキルを使って取り組む

4 論理的思考力

結果と原因のメカニズムで考える

「論理的思考力」とは、原因から結果に至る関係性を、ストーリーとして整理できる能力である。自然法則の原理に基づいて精度良く予測できる場合には、「先見性」として表れる。多くの立場が異なる関係者で、ものごとを進めていく場においては、だれもが腹落ちする意見となるので、意見をまとめる大きな力となる。組織マネジメントにおいては、心理学や脳科学などの原理・法則によって論理的に整理すると、人の感情や欲求、行動も予測でき、制御しやすくなる。逆に建築現場において論理的思考力が乏しいと、原因も考えずに主観や利己的判断で方向性を決めてしまい、結果が違うものになるか、「その場しのぎ」の浅はかな対応しかできなくなる。

論理的思考力を習得する第一歩は、いかなる事象に対しても、実際に起きている「実現象のメカニズム」に興味を持つことである。建築現場では、鉄骨梁が大きくたわむ、組み立て中の自立足場が強風で倒れる、地下水が大量に湧き出し掘削が進まない、山留め壁が大きく変形し周辺地盤が沈下するなどの思わぬ事象が起きることがある。すべて自然原理に従って起きているのである。身近な実現象に対して、都度、発生メカニズムを理解することが大きな能力の蓄積となっていく。

かたや、建築現場では、一見、理不尽や不条理、逆に運や縁、偶然・好転、思わぬ相乗効果など、論理から外れているようだが、結果として人やものごとがうまく動き、手戻りや災害が起きないこともよくある。

例えば、作業所長の技能労働者への指示が、思いつきのように見えるのだが、「場数をふんで鍛えたKKD（経験・勘・度胸）」が「センスある即決」につながり、無駄のない良い結果を生み出す場合がある。こういったパターンは、瞬時に頭を巡る論理的思考力と、それを即座に実行できる胆力によって成り立っていることが多い。

5

情報力　情報を収集・整理・分析・活用する

「情報力」とは、情報の収集・整理・分析・活用能力の総称である。そのプロセスは、種々雑多な情報入手から始まり、データ整理、有効なデータの取捨選択、事象のメカニズム・真因の把握などの的確な分析、そしてその活用へと続く。情報力の不足は、視野の狭い、自信の持てない、あいまいで時には間違った結果しか生まず、ものごとの本質や真因の理解には程遠いものになり、重要な情報も有効に活かされない。ここでは、情報力を構成する能力について解説する。

M 情報収集力

幅広く確かな情報をできるだけ多く収集できるよう、敏感なアンテナを張り巡らせ、ここぞと思う時に大事な情報を素早くキャッチできる能力である。情報は待っていても集まらない。取りに行かなくてはいけない。実は、最強の情報収集法は「自らが情報発信する行動」である。例えば「これに関する情報あれば教えて下さい」「私はこう考えますが、間違っていたら教えて下さい」ということも情報発信の一つである。また「私はこう考えています」と発信すれば、放っておいても、賛同・共感、異論・反論、貴重な情報がおのずと集まってくる。

情報整理力

情報整理はまず情報選別で始まる。収集した種々雑多の情報について、有効・無効、重要・不要を判断し、異常値・バラツキ・誤差を排除し、選別する能力である。情報整理や分析の事前処理ともなる。情報には信頼性が求められる。だれが、いつ入手した情報かを吟味することが重要となる。噂話や推定の話に迷わされてはいけない。

ランダムな情報やデータを、適切に分類し一覧表やマトリクスやエクセルの行列セルに整理し、保管できる能力である。その後、ジャンルなどに分けて的確に「層別」すると散在していた情報が、その傾向や相関関係を浮かび上がらせ、データ活用へ近付けていく。建築現場では、情報を整理する際、異種分野のメンバーで情報交換する場合が多い。専門分野の深い内容をお互いに合致させることが難しい場合には、「図解」による整理が有効である。図解の基本的なコツを三つ紹介する。

コツ1　得られた情報を、横軸を時系列としてグラフ化すること
コツ2　関係ありそうな要因や項目を、縦軸・横軸としてグラフ化すること
コツ3　事象や作業の固まりを、丸・四角などの図形や箇条書きで示し、因果関係を実線や矢印で結ぶこと

情報分析力

定性的、定量的にかかわらず、統計分析手法によりデータの傾向や相関性を解明できる能力である。はじめにデータの母集団から異常値を検出し除外する。次に時系列的な動向（傾向、変化点、傾きなど）や統計的観点（平均、ミニマックス、分散など）から、全体像を俯瞰する。事実を表すデータから実際に起きている事象を見抜く観察眼が求められる。時には近似式に置き換えるなどデータを加工することで、より分かりやすくなることも多い。

情報活用力

情報を自分自身で利用することに加え、情報発信により情報を展開し有効に活用する能力である。何を読み取り何を発信するか、何の目的でどのように使用するか、情報は有効活用されて初めて価値を生む。

建築現場において情報力は、微小な計測値の情報データからトラブルの予兆を読み取り、早期に予防策を打つ場面や、設計変更情報や図面の最新版情報を全関係者に共有させる場面で発揮されている。いずれにしても情報を活かすことが、人やものごとをマネジメントする活動となる。

6 リーダーシップ 皆の総力を発揮させ、けん引する

周囲の関係者を統率し、ベクトルを合わせて、持てる力を最大限に発揮させる力や思考をリーダーシップと言う。そこに必要なのは、強い意志、主体性、推進力、他者への貢献指向、矜持（プライド）である。

リーダーシップの弱いリーダーは、メンバーに対して方針を示すことができず、皆を立ち止まらせてしまう。方向性がバラバラでは組織はまとまらず、組織も個人もパフォーマンスを発揮することなく時間だけが過ぎていく。

組織は、トップを頂点としたピラミッド型が多い（図表3－4）。その中にはトップがリーダーシップを発揮し、スポーツのキャプテンのように機能し、ミドル層にもキーマンがいる組織もあり、強固な体制のもとに活動を推進できる。経営管理層がトップにいる場合には、トップダウンによるリーダーシップが統率のとれた活動につながっている。一方、ミドル層やボトム層に、やらされ感や上位に対する過度な忖度がある場合には、メンバーの総合力が抑制され、様々なリスクをはらむ場合もあるので配慮が必要である。

リーダーシップを習得するには、何を訓練すればよいだろうか。メンバーを導くには、前述の「ゴール設定力」「戦略・戦術策定力」「論理的思考力」が必要不可欠である。メンバーは、リーダーの言動が正しいか否かに対して非常に敏感である。誤魔化すことはできない。後述する「育成力・評価力」「コミュニケーション力」などもリーダーに求められる資質である。しかし、これらだけではリーダーシップには不十分である。

ではリーダーシップを体現するには、どのような思考で、どのように行動すればよいのか、不可欠な四つの心得を紹介する。

心得1　筋を通す

建築現場では「筋を通す」という言葉がよく使われる。この「筋」には、三つの意味がある。一つ目は「一貫性のあるストーリー」、二つ目は「指揮・命令系統」、三つ目は「倫理・立場・役割・権利・責任」である。

一貫性のあるストーリー

人を説得するには、伝えようとするストーリーに確たる主義・主張があり、信念を変えることなく、矛盾のない言動を貫く必要がある。

指揮・命令系統

実務層は、リーダーから指示された役割に、意気を感じて行動している。指示が果たせた時の褒め言葉も、できなかった時の叱咤も、リーダーから直接に言われることに意義がある。多工種に

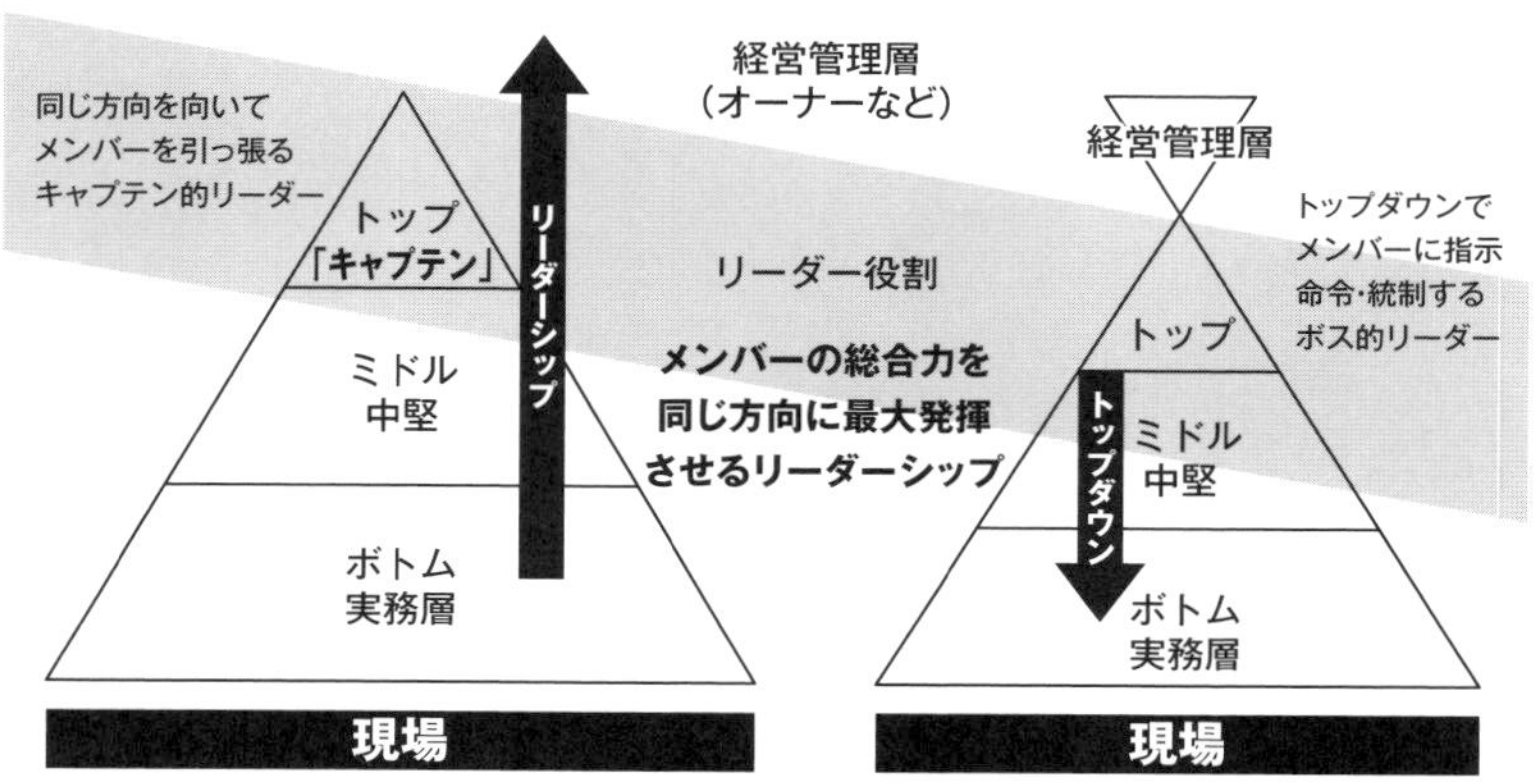

図表 3-4　リーダーとボス
メンバーの総合力を同じ方向に最大発揮させるリーダーシップ

わたる多くの人たちが複雑に絡み合う現場では、上から下への「指示」と「評価」、下から上への「報告」と「尊敬」が、人の心を動かす基本ともなり得る。

倫理・立場・役割・権利・責任

自分自身の中で筋を通すこと。自分のやるべきことを法律や人道に則り、行動することである。

こんなことがありました

私が40代のころ、ある大型工事で基礎鉄筋の配筋作業の乗込み日を鉄筋業者と約束し、当日20人の鉄筋工が乗り込んできた。しかし前日の雨で捨てコンクリートに基礎の墨が出せず、対策も考えていなかったため、仕事にならない彼らは全員帰ってしまった。約束したことができなかったことで鉄筋業者からの信用を失ってしまったのである。親方にとってはその日予定していた作業ができないと出来高も上がらず死活問題であり、後工程の技能労働者との約束もすべて段取りし直し、ずらすことになるからだ。

当日の午後、菓子折りを持参して鉄筋業者の社長にお詫びに行き、「明日は間違いなく仕事ができるようにします」と約束をした。

前日の雨で捨てコンクリートに墨が出せなかったがコンクリート釘と水糸で基礎の墨を出し、何とか約束通り、翌日には仕事をしていただくことができた。いったんは信頼を失ったものの誠意を込めてお詫びし、次の日に仕事に取り掛かってもらえるように段取りしたことで信頼は回復し、その後も継続的に良好な作業につながったのである。

心得2　逃げない覚悟

自分が決断したことが100％確実であることばかりではない。不測の事態に陥り、間違った方向に進みかけるリスクは常に付きまとう。そうなった時、リーダーはメンバーを守るために、危険から決して逃げてはいけない。メンバーの心に響くリーダーシップは、部下ではできない範囲のことを自分自身が責任を持って実行する場合に発揮される。「親分肌」「男気」「姉御肌」なども言われる要素である。

かつて難工事で名を馳せた黒部ダム建設を指揮した太田垣士郎の逸話がある。深い渓谷にある建設現場において、極めて困難なトラブルを目の当たりにした時の話である。彼は、人事を尽くし、ほとんど万策尽きた時に、残された可能性に対して「70％の成功確率に実行の決断を下すのがリーダー、成功確率100％の決断はリーダーの仕事ではない！」と英断し、多くのメンバーの萎える気持ちを一蹴した。こうして黒部ダムは見事に完成を見たのである。

心得3　押しの強さ

複数の人が集まれば、必ず異論・反論が出る。その際、組織活動としてあってはならないのは、どちらとも決定できずに全員の活動が止まってしまうことである。多少、異論・反論があっても、ある時は説得し、ある時は無理強いもし、前に進めていく「押し」が必要な場合もある。

注意しなければならないのは、「説得と納得は違う」ということである。説得し、納得して初めて人は動く。反対派、優柔不断派にも動いてもらわなければ結果はゼロになる。粘り強く前に進められるのは情熱であり、自らの正義感である。進めている途中で間違いに気付くこともある。その時は謙虚に受け止め、俊敏に修正すればいいのである。

心得4　面倒見の良さ

メンバーには未熟な人もいる。教えても見返りは期待できない。面倒がかかることも覚悟しなければならない。それでも叱咤激励し、決して諦めずに成功体験に導くことで、人は一人前に成長していく。これは「愛情」がなければできないことである。

7

育成力・評価力　やらせて褒めて、叱って任せて、育てる

「人を成長させる力」「能力や実績を適正に評価する力」のことを、育成力・評価力と言う。二つの相乗効果により、動機付けられ、教えられ、自主的に成長していく。育成力ある指導者が育てると成長過程の未熟な人材も、早く、大きく、成長させることができる。時に本人も気付かなかった潜在能力を引き出すこともある。褒めて、不足を指摘して、やる気を起こさせる、そして経験の機会を提供し能力を発揮できる立場に登用することで、立派な人材に成長していくのである。育成力の不足は後進の伸び悩みを生み、ひいては組織力を強くすることができない。

評価力の高い人は、適正かつ公平な基準で人を見ることができる。逆に人材を見る眼がないと、利己的で

不公平な評価のために若手の潜在能力を押し殺し、素質を最大限に開花させることができないで終わる。

「育成力・評価力」は組織管理職に必要な能力であるが、若手と技能労働者の関係性からすると、若手であっても技能労働者から見れば管理職であり、リーダーである。自分が日々指導されながらも、同時に人を育成する能力を習得する必要がある。

育成に対する先人の言葉

育成力を習得し実践することは、言葉で言うほど簡単ではない。人を動かし育てるには、あらゆる手段を駆使することが必要である。有名な先達の言葉を紹介する。

「やってみせ、言って聞かせてさせてみて、誉めてやらねば人は動かじ、話し合い耳を傾け承認し、任せてやらねば人は育たず、やっている姿を感謝で見守って、信頼せねば人は実らず」（山本五十六）

「正面の理、側面の情、背面の恐怖」（中坊公平）

「熱・理・情」（遠藤功）

「財を遺すは下、仕事を遺すは中、人を遺すを上とする」（後藤新平）

育成する側の人は、全身全霊を挙げなければ人の育成などできない。共通することは、人を認め尊重すること。見返りを求めず相手を思いやる愛情や言動が必要なのである。

施工マネジメント力は現場でしか教えられない

施工マネジメント力の育成の基本は、現場におけるOJTにある。「現場」には、「事象の現場」と「決断の現場」がある。現場の実務能力を育てるOJTは、すべての能力を発揮する「THE現場」にしかない。重要な特徴を述べる。

①五感（視覚・聴覚・嗅覚・味覚・触覚）に響く、景色や音や臭いがある
②上下・左右360度、原寸大である
③動きが見え、自分も動く
④最新情報が集約し更新されている
⑤場の空気を感じ、場が読める
⑥その時、その人だけの場である

OJTには、時間と場数が必要である。情報量の多い・少ない、難易度・密度・質のバラツキや限界もある。ここで、OFF-JTの意義も紹介しておく。研修会や見学会のような集合形式で、集中的に情報を提供する機会であるOFF-JTもOJTの補完・補強的に有効となる。OFF-JTにおける短時間での集約・厳選された情報は、何倍もの現場経験を積んだ上司・先輩に恵まれなければ得られないからである。習得す

る側は、主体感の薄い研修会を有意義な時間にするために、講師の息遣いが分かるくらいできるだけ前の席の座ることや、必ず一つ以上は質問をするなど、主体感を持つことを意識的にするとよい。いずれにせよ、社内外の研修会・講習会などの集合教育はＯＪＴを補完する策と心得なければならない。

上司と部下の育成関係の４象限

ある知識やコツなどを教える場合、上司と部下の保有する「知識・能力」の程度によって育成の仕方が異なる。知識・能力の程度関係により、「改善」「指導」「提案」「学習」の四つを使い分け、成長を最大化する(図表３－５左)。

お互いの知識や能力を知りながら育成していくことも必要である。熟練世代と若手世代には時代のギャップがある。

- 改　善　上司、部下がともに既知の場合
- 指　導　上司が既知で、部下が未知の場合
- 提　案　上司が未知で、部下が既知の場合
- 学　習　上司、部下がともに未知の場合

成長する本人の「能力とやる気」の有無によっても育成の仕方を変えなければならない。(図表３－５右)

- 委　任　すでに能力もやる気もある人には、任せてフォローする
- 指示・着火　能力はあるがやる気が低い人には、動機付け機会を提供する
- 指　導　能力は低いがやる気のある人には、吸収力があるので良い指導を行う

・命　令　能力もやる気もない人には、強制的に導入し成長に導く

教え育てる愛情と成功させる厳しさが、育成する側の言動によく表れる。「叱る」と「怒る」、「褒める」と「甘やかす」を混同してはいけない。具体的には、「叱る」は、本人の悪い所を本人に気付かせるために諭す言動である。「怒る」は、教える側の自分本位の感情が溢れ出る言動である。「褒める」は、本人の良い所を賞賛し、後押しの応援をする言動である。「甘やかす」は、教える側の嫌われ回避のため、本人の是正すべき悪い所に目をつぶり、本人に心地良いことだけを伝える言動である。

本人の成長を本気で思うならば、教える側は、自分本位でない振る舞いを心掛けることが大切である。

[既知×未知] マトリクス

		上司	
		既知	未知
部下	既知	改善	提案
	未知	指導	学習

[やる気×能力] マトリクス

		能力	
		ある	ない
やる気	ある	委任	指導
	なし	指示・着火	命令

図表 3-5 上司と部下の育成要領の形態

知識と能力、やる気の程度の関係により、育成する要領を使い分け成長を最大化する

こんなことがありました

ある建築現場で後進の教育に熱心であった所長が、部下をできるだけ早く成長させようと少し能力以上の高度な業務を担当させた。ところが、スパルタ的に厳しく教えたことがパワーハラスメント扱いされてしまった。その時、所長は難しい顔をしてこう言った。「最近は熱意を持って指導する時、叱ること以上の愛情を示さないと、受け取られ方によっては仇となる。愛情がないなら叱るな、だな」と。

良い言葉で伝え教える

育成効果を高めるためには、良い言葉で伝えることが効果的である。「良い言葉」とは、内容が具体的であることに加え、記憶に残りやすいフレーズやキーワードで示すということである。

例えば、外観検査要領を指導する場合、「ちゃんと全体を見ること」と漠然と指導するよりも、「右端部から600㎜ピッチで全数を見て、舐めるように傷を見付けること。引渡し後の清掃時に見付かるような傷・汚れを見逃すのはプロとして恥ずかしいことだ」のように、定量的かつ後々起こりそうな場面を想定して指導するのである。

知識を教える前に動機付け

多くの「知識」やコツ・勘所を教える前に、「動機付け」の機会をつくり、本人が自主・自立して一人で歩き始めるようモチベーションを高めれば、習得の量も多くなり質も高くなる。それがないと、どれほど上手に知識を教えても何も残らない(図表3－6)。

動機付けの基本ステップは、以下の通りである。

ステップ1　ルールとアウトプットと期限を伝える

知識・要領・コツを教える以前に、ルール・アウトプット・期限だけを伝える。必ず行う「義務」や絶対やってはいけない「禁止事項」などのルール、アウトプットの要件、最後に重要なのは、期限「○月○日の何時まで」である。

ステップ2　まずはやらせてみて体験で実感させる

自ら身体で実感するために、ルール以外は自由にやらせてみる。分からないこと、難しいこと、自分ができることを実感し、不安になったり、苦しかったり、楽しかったり、その感情や欲求が動機付けを強めるのである。「強い感情や欲求を伴う記憶は、心身（思考習慣）に残りやすい」という心理メカニズムそのものである。

ステップ3　教える・繰り返し訓練する

手順を理解したら、関連知識や型を教える。繰り返し

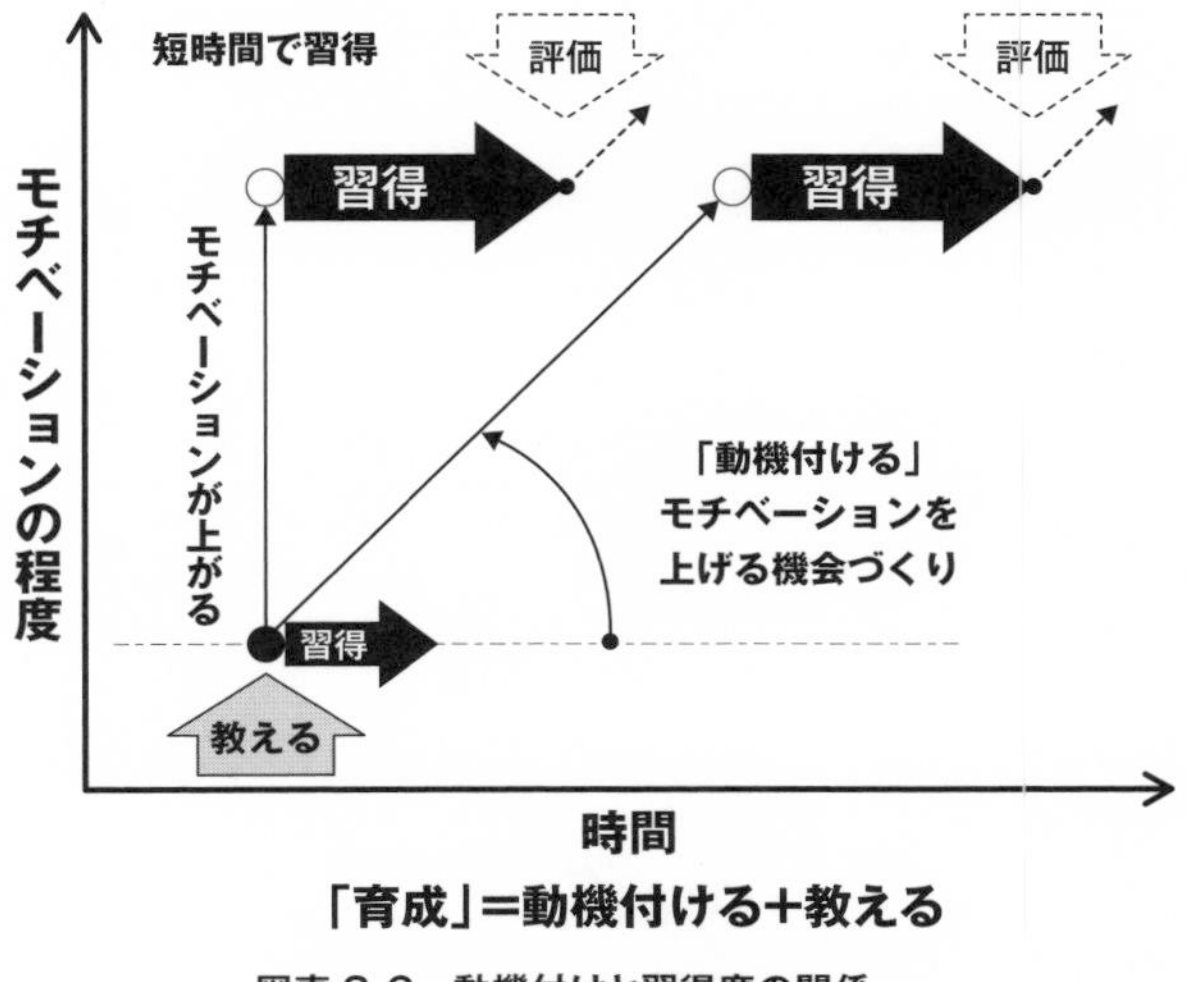

図表 3-6　動機付けと習得度の関係

高いモチベーションでは習得の量が増え、質も高くなる

やらせ、当人なりの手応えや失敗を体感させる。決して「型を守ること」を緩めてはいけない。型を守ることができて初めて、追加でコツを教えるのである。

ステップ4　任せて支えるのみ

あとは任せる、見守る、支え続けるのみである。

こうして、「人が建築をつくり、建築が人をつくる」のである。

8

コミュニケーション力

伝わるように伝える、つくり出すコミュニケーション

コミュニケーション力とは、聴く力、伝える力などの複合能力である。そして建築現場は、コミュニケーションの場ばかりである。考えや利害が相反する者同士が熱いディスカッションを重ねる場であるから、コミュニケーション力は様々な場面で不可欠となる。建築主、設計者、監理者、施工者、専門工事会社、関連官庁、近隣、市民などの関係者が建築現場という一堂に会し、聴いて、伝えて、協議して、合意形成し、整合性を確保するのである。会議で決定させること、それをモレなく指示伝達することは現場での重要な使命である（図表3－7）。

高いコミュニケーション力は、他者との豊かな交流を生む。相手の考えをよく聴き、自分の考えを伝え、相互に腹落ちする合意形成ができれば、次への展開をつくり出すことができる。コミュニケーション力が不足している人は、人から重要なことを言われても理解ができず、自分が一生懸命に話しても相手に伝わらず、交渉は決裂する。誤解を招いてトラブルに発展し、仕事はチグハグで精度を欠き、業務効率も低いものになる。

組織的なコミュニケーションが悪い事例では、なお深刻である。伝達の場の不足、周知の不徹底、認識の食い違い、異論・反論者との協議忌避、過度な忖度、腹落ち感のなさ、やらされ感満載など、関係性の悪化を引き起こす。トラブルが発生した場面で要因分析の結果、「コミュニケーションが悪いことが要因だ」の一言で片付けられることが多い。それでは、反省にも具体的な再発防止にもつながらない。コミュニケーションのありようをもっと学び、より良い関係性を築くことが、何より求められる。

コミュニケーションと言っても、場面によって五つの段階がある。

①伝える・聞こえる一方通行の音声段階
②内容を共有し伝え・聴く情報段階
③賛成・反論など考えや感想・意見を協議する意見交換段階
④感動・共感する影響段階
⑤相互作用によるひらめきが何かを生み出す創造段階

このうち、真の意味での「コミュニケーション」と呼べるのは「意見交換段階」以降ととらえると、日常的なコミュニケーションすらしていないために発生する不具合もあると感じる。建築現場には、正確な情報を伝え、レベルの高い本当のコミュニケーションを活発化させることが重要である（図表3－8）。

建築現場の事務所に入った瞬間に、コミュニケーションの良い現場かそうでないかが、すぐに察知できる。所長と部下の会話、部下同士の会話、設計者と所員の会話が活気に溢れ、受け答えの良さ、声の大きさも含めて挨拶に活力が感じ取れる現場は、たいていうまく運営されている。

建築現場のコミュニケーションのコツ

私が「心得」としている「三つの基本的コミュニケーションのやりよう」を紹介する。

1　聴く心得。一字一句を聴き取ろう　伝える心得。伝わるように伝えよう

まずは人の話は最後まで一字一句聴くこと！　を心掛けてほしい。人の話を聴いている端から、自分の思い浮かぶことを相手の話を遮ってしゃべり出す人がいる。これは相手を尊重する姿勢ではない。「一字一句聴く姿勢で、能動的に聴き取れ、メモを取れ、本音を取れ」、まずは人の話をよく聴いて理解する。

次に、伝えることについては、伝わるように伝えることを心掛けてほしい。感情に任せて自己中心的に話してはいけない。自分の専門分野だけの用語を多用して話してはいけない。相手の知識や理解力、既知の情報などに配慮しなければならない。伝わらないのは、伝える側の能力不足であり、思いやり不足である。

2　上司に短時間で伝える「課題と結論と補足だけの3ポイントストーリー」

建築現場では、限りある貴重な時間の中で、すれ違いの接点のような短いコミュニケーションで仕事をつ

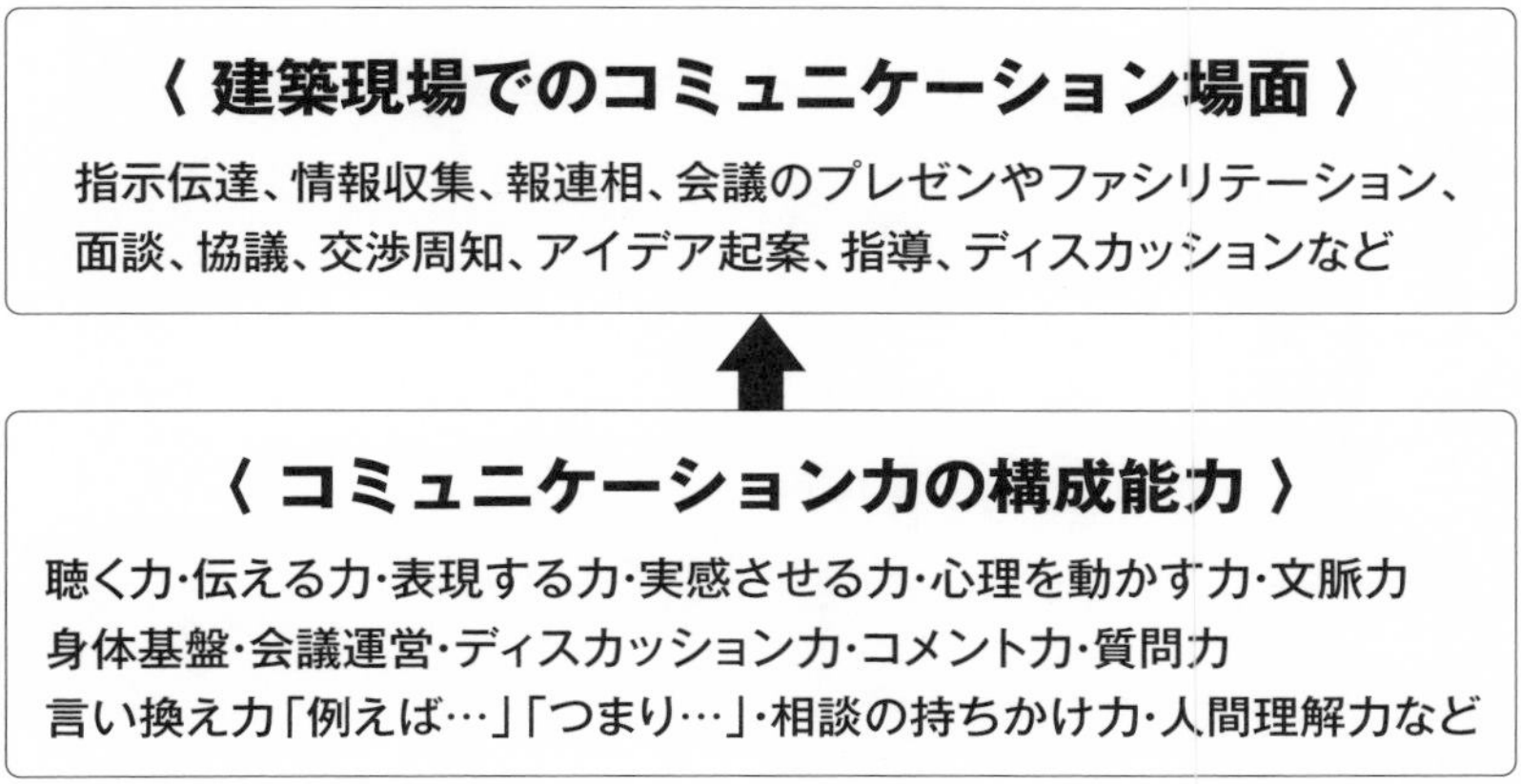

図表 3- 7　建築現場でのコミュニケーション場面、コミュニケーション力の構成能力
コミュニケーション力は様々な場面で共通して不可欠であり、極めて重要

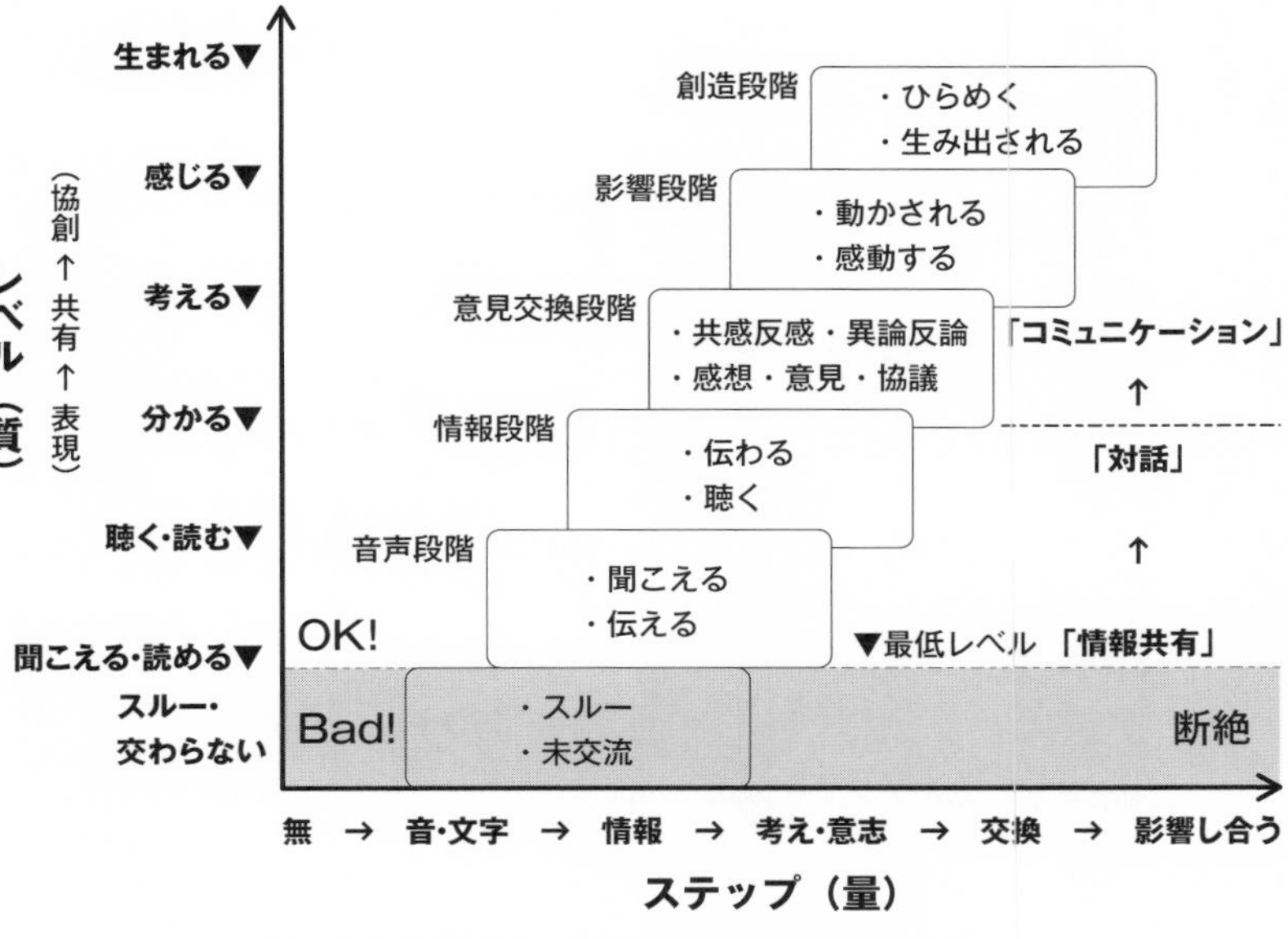

図表 3-8　コミュニケーションのステップとレベルマップ
付加価値をつくり出していく高いステップとレベルのコミュニケーション

なぐことがよくある。その中では、懇切丁寧に論理立てて話す時間など取れるはずもなく、とりわけ作業所長との意思疎通のチャンスは限られている。

そこで、短時間で伝えたいことを要領良く伝える「3ポイントストーリー」を紹介する（図表3－9）。これは、「1番に課題、2番に結論、3番に少しだけ補足」という至ってシンプルな伝え方である。もしそれ以上に相手が聴きたいならば、質問に答えるだけとする。

例えば、

①当初の計画では東側の壁を先に施工すると、人も入れないような狭い空間となり後工程の作業ができそうにないことが課題でした。

②作業手順を逆にする策を考えました。実施してもよろしいでしょうか。

③（補足）東側の壁は、工場で表面を仕上げた仕様です。

事前検討では、論理的な課題抽出、現状把握、要因分析、解決策立案、実施結果確認など緻密に考えることが必要だが、伝えるのは一発勝負、短時間で伝えることにすべての

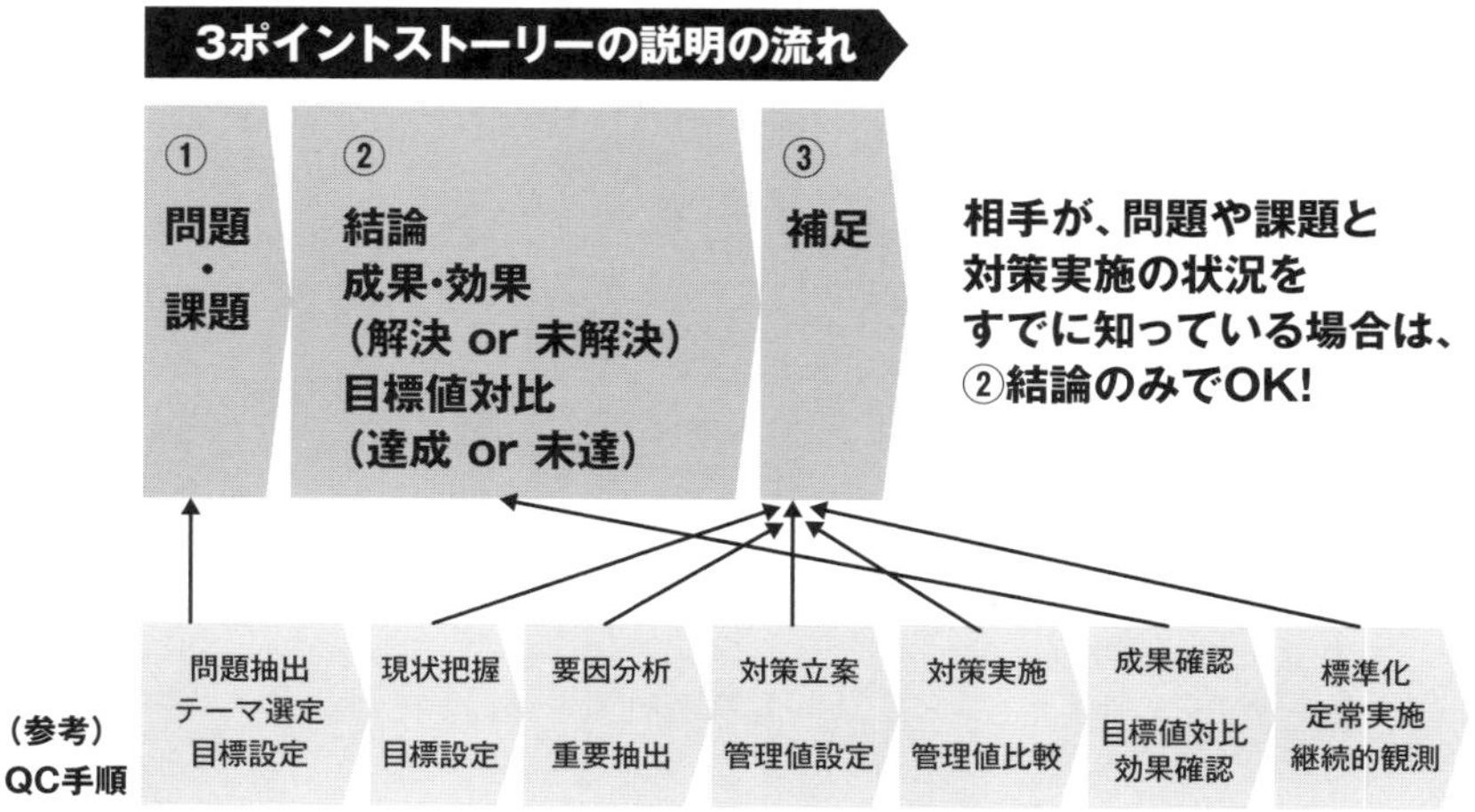

図表3-9　3ポイントストーリーの構成

貴重な時間の接点で伝える技。課題と結論のみ、あとは質問に答えるだけ

神経を集中する。私の口癖は、「単純に言うと……です」だった。

3 ブレーンストーミングの書出し　フレームワーク事例

アイデアを洗い出す場面では、ブレーンストーミングが有効である。現状の不具合情報を何でも言い合い、事実関係や問題点ばかりでなく、思い付きや信憑性の疑わしいことまで情報交換する。そうこうしている間に対策のグッドアイデアが出てくる。この流れをうまくまとめる、単純明快で簡単なフレームワークを紹介する。

はじめに、「あるべき姿」「問題・課題」「現状・事象」「推定要因」「対策アイデア」「検討課題・他」という欄を設ける。情報や意見が出るたびにキーワードを書き出す。頃合いを見ながら、どれに当たるかを分類して、付箋に書き出し、張り付けるのも効果的である。スクリーンに投影するならばパワーポイントで記録していってもよい（図表3－10）。

この手法をうまく実践するコツは、あまり厳密に分類しないことである。分類がよく分からない時は、暫定的に仮置きすればよい。意見が出尽くしたところで整理し、類似のものはまとめ、関係するものは線でつないでいく。思い付いたものをどんどん追記していく。その場で結論が出なくても、書き残しておくのである。このフレームワークで意見やアイデアをまとめていくと、不思議なことにものごとが進み出す。

問題や要因の意見出しをして、整理も対策立案もしないなら、アフターファイブの居酒屋での愚痴の言い合いで終わってしまう。このフレームワークは、愚痴を愚痴で終わらせないツールである。

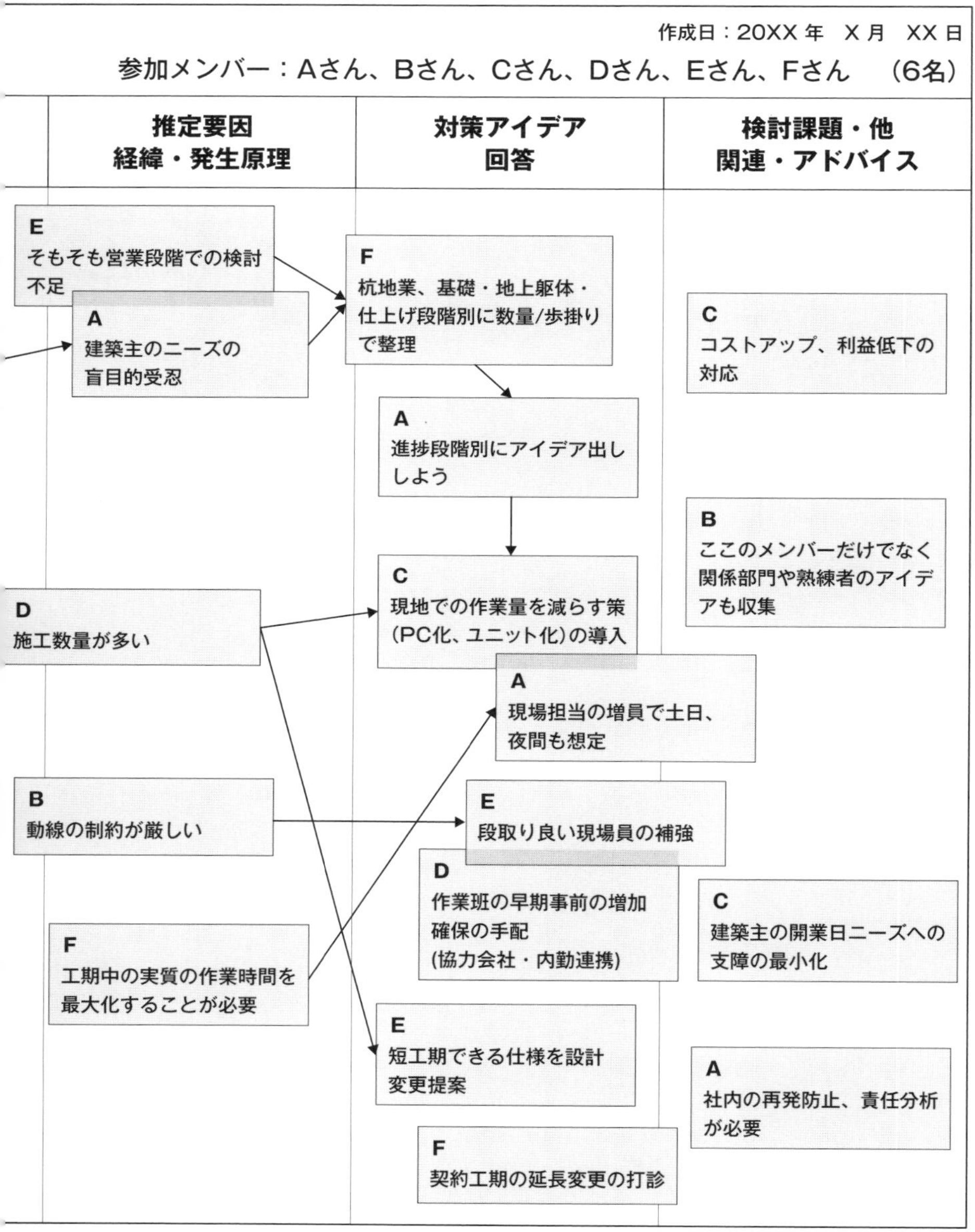
作成日：20XX 年　X 月　XX 日
参加メンバー：Aさん、Bさん、Cさん、Dさん、Eさん、Fさん　（6名）
推定要因
経緯・発生原理
対策アイデア
回答
検討課題・他
関連・アドバイス
E
そもそも営業段階での検討不足
A
建築主のニーズの盲目的受忍
F
杭地業、基礎・地上躯体・仕上げ段階別に数量/歩掛りで整理
A
進捗段階別にアイデア出ししよう
C
現地での作業量を減らす策(PC化、ユニット化)の導入
D
施工数量が多い
A
現場担当の増員で土日、夜間も想定
B
動線の制約が厳しい
E
段取り良い現場員の補強
D
作業班の早期事前の増加確保の手配(協力会社・内勤連携)
F
工期中の実質の作業時間を最大化することが必要
E
短工期できる仕様を設計変更提案
F
契約工期の延長変更の打診
C
コストアップ、利益低下の対応
B
ここのメンバーだけでなく関係部門や熟練者のアイデアも収集
C
建築主の開業日ニーズへの支障の最小化
A
社内の再発防止、責任分析が必要

ブレーンストーミング　キーワード　メモマップ

テーマ：短工期でも工期厳守するためには

分類 区分	あるべき姿 目的・目標・ビジョン	問題・課題 疑問・質問	現状・事象 事実情報・傾向
	B ギャップを克服して前倒ししたい **C** 契約工期は、どんなことをしても守るべき	**A** 厳しすぎて無理かも **F** このままの施工計画では間に合わない	**C** 実質の工期率75% **D** 契約時の施工条件が実現性がない想定であった

付箋利用の仕方

Step1. 出た各意見をすべて付箋などで書き出し、仮に置く

Step2. 各意見内容を上記観点で分け、付箋をマッピング

Step3. 重要度などの評価項目で絞り、議論を深める

要領1. 関連ある内容は線で結ぶ

要領2. 重要度、緊急度などの評価軸の評価レベルに応じて◎○△×などのマークを記す

要領3. 並べ替え、囲い線、色分けなどでグループ分けする

図表 3-10　書出しフレームワーク例

自由意見も分類すれば、アイデア化&分類キーワードが発想を促す

9

人的ネットワーク

人のつながりは大きな財産と力

　社内外にかかわらず、頼りになる人・信頼関係のある人・自分の専門以外の人との豊富な人脈ネットワークが、いざという時に助けてくれる大きな力となる。同じ職場のメンバー、社内の関連部門、先輩・同僚・後輩、取引会社、同業他社、異業種など、できるだけ多くの分野の人との人的ネットワークであるほど強い。

　更に人的ネットワークにも量と質があり、人脈が広いという量（人数）だけでなく、困った時に助けてくれるつながりの人間関係の深さや太さ、信頼度などといった質も、自分一人ではできないことを実現する上で力強いものである。「いざ鎌倉」の時、振り返ってみたら何人の人がいるかが、その人の能力の一つである。

　建築現場では、自分一人で全部を掌握することは不可能である。一人では「一人なりの仕事」しかできない。一人よがりでは、社会に通用しないこともある。他人の力を借りれば、量も質も何倍にもなる。人的ネットワークによりゼロが1になり、10にも100にもなる。自分で悩んでいたことが、プラスに転じることもある。

　人的ネットワークをつくるには、公式会議の場での単なる業務連絡や意見交換だけでなく、会食や懇親会の場での何気ない世間話やプライベートな会話が距離感を縮め、つながりを強くする場合もある。積極的にそのような場に出向く努力も必要である。

10

人間的魅力　人は人の魅力で動く

こんなことがありました

私が、ある同業他社との会議のあと、懇親会で色々な会話をした折、ある人に「出身は北海道ですか」と尋ねたことがあった。彼は「なぜ分かったの?」と聞いてきた。彼は標準語で話をしていたのだが、私は全国の作業所を数多く経験してきたので、独特な方言のイントネーションに気付き、そのような発言となった。場は、その一言で盛り上がり、その後はスムーズに話が進み、以降の付き合いで様々な課題解決に協力していただいた。同業他社ながら年賀状を出し合う関係は、いまだに続いている。

では、人的ネットワークをつくるにはどうしたらいいのだろうか。私は、その人に興味を持ち、その人を好きになることが早道であると信じている。まず自分から働き掛ける。「Give & Take」と言う言葉があるが、「Give」が先であることは基本的な第一歩である。

最も形式知化することが難しいソフトマネジメント力に、「人間的魅力」がある。

人を惹き付ける、慕われる、人が影響を受け人が動く、人望とも呼べる人格や人柄、人徳、このような魅力の総称を、本書では「人間的魅力」と呼ぶ。

では、私たちはどんな人に魅力を感じ、惹かれ、ついて行こう、協力しようと思うのだろうか。それは、思いやりがあり、心配りができて誠実な人が代表格である。先見性を持ち、ついて行って損をしない、自分に利得をくれる人、自分の欲求を満たしてくれる人、自分の尊敬する人、自分を認めてくれ大事にしてくれる人、裏切らない人も魅力的である。

時には自分の好きなタイプや相性が良いなど、感覚が合う人の場合もある。自分と価値観が一致する、逆に自分にない、あるいは不足する側面を持っている人の場合もある。

自分の人間的魅力を高めようと思うならば、知識や他の能力を習得することに加え、意識して自分なりの価値観を形成していくことも必要である。自分なりに正義を持っている人は強い。そういう人が人を動かすことができるのである。

AI・ロボットと対比した人間らしさの魅力

AIやロボットとの対比が、「人間らしさの魅力」を再認識する良い機会になると考え、何が人間らしく何に魅力があるのかを整理してみた（図表3‐11）。

人間らしさの根本には、「思考・理性」「唯一の生体であること」「感情と欲求」の三つがある。これらをより多く有する人に人間的な魅力が強いと感じる。一方で、建築現場では「仕事に厳しく、人に優しく」と言われる。「強さ」と「弱さ」、「厳しさ」と「優しさ」、これらを併せ持つことが、人間的魅力だと感じている。

思考・理性

湧き出るやる気や志といった思考の相乗効果からひらめきが生まれ、新しいモノ・コトが創造される。人道に反する欲求の抑制は理性である。これはＡＩやロボットではできない。

唯一の生体であること

一人ひとりに多様性や個性があり、しなやかな身体の動きや豊かな表情を持ち、勢いある成長をし、年を重ねて熟練していくことに魅了される。人間の肢体は、現状の機械化・ロボット化ではできない。手の細かな感触、手仕事でつくる精巧な手彫り、滑らかな研磨作業、こうした仕上げる技能を持つ人間は、何千年も前から魅力的な手仕事を遺している。

感情と欲求

情け深く、心豊かな感動を持てる人は魅力的である。適度な欲求は、志や意図に通じ、ビジネスやスポーツなど競合を常とする分野では、負けず嫌いである方が人間らしい。人間特有の欲求と感情からやる気が派生する。やる気のある人に、人はなぜか惹かれる。やる気を醸成できる組織には、一朝一夕には真似できない職場文化や人のつながりがある。ＡＩは、合理的な判断をするかもしれないが、「○○したい」とか「嬉しい」「悔しい」とか自発的な感情は持ち得ないのである。

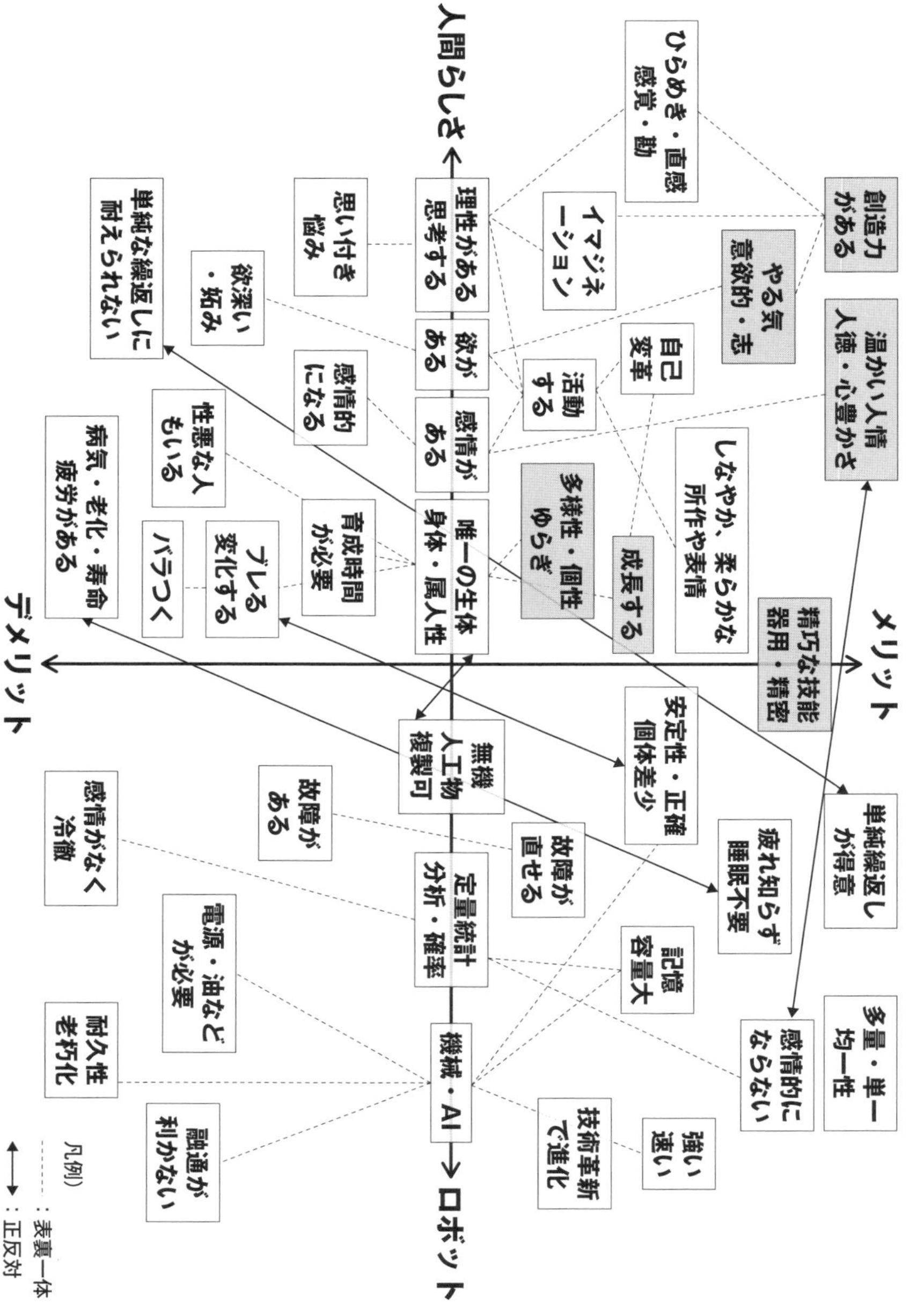

図表 3-11　人間らしさの魅力

AIやロボットとの比較が「人間らしさ」を再認識し、見直す機会となる

11 施工マネジメント力の定量的評価

定量化による強い動機とツール化

ここで、「施工マネジメント力」、特に「暗黙知であるソフトマネジメント力」の定量的評価について述べたい（図表3－12）。個人の能力レベルの現状把握と成長の推移を数値的に見える化する提案である。更に、それを組織で集計すると組織の総合的なソフトマネジメント力も把握でき、個人と組織の中に隠された強みや弱み、そして課題を浮き彫りにすることができる。そうすることで、人材育成の早期化と高度化、ひいては業界の進化をもたらす動機付けとなる。

ソフトマネジメント力を評価するには、理想的なものがどんなものかを認識でき、目指すという動機付けの効果も醸成する「最高水準」の設定が必要である。

以下に提案するソフトマネジメント力の評価法について概要を説明する。

ソフトマネジメント力の評価法の提案

評価項目は、ソフトマネジメント力10項目である。各項目を0・0～5・0点で評価し、最高点5点は、業界をリードする熟練した総括作業所長の能力レベルを想定した。

1点レベルは若手担当者、2点レベルは中堅担当者、3点レベルは次席、4点レベルは標準的な作業所長の能力レベルとし、それぞれをイメージできるようにレベルを定義付けた。各評価項目の評価点は、その項目

作業所のソフトマネジメント力　自己分析シート

所属：○○支店

記入年月日：○○○○/○○/○○　　氏名：○○　○○

0.5：到達レベル60～79%、1.0：到達レベル80～100%

No.	マネジメント構成能力	関連能力・キーワード等（構成要素の事例）	欠乏状態のイメージ	レベル：min0.0～max5.0（0.5ピッチ評価）				
				評価日	0000/00/00	0000/00/00	0000/00/00	目標値
1	ゴール設定力	ビジョン設定・あるべき姿設定・目的認識・目標設定・課題抽出など	芯・筋が通らない・志が低い					4.0
2	戦略・戦術策定力	重点方策起案・シナリオ策定・組織構成力・進捗管理力など	場当り的・策がない、悪い					4.0
3	課題解決力	豊富な引出し・経験・知識・スキル・柔軟性・チャレンジ精神・改善・発想力など	解決できない・頭が固い					4.0
4	論理的思考力	ストーリー構成・要因や仕組み探究意識・客観性・洞察力など	感情的・主観的・非合理的					4.0
5	情報力	情報選択力・統計手法スキル・情報処理など	視野が狭い・本質つかめず					4.0
6	リーダーシップ	統率力・強い意志・推進力・主体性・自己成長意識・貢献思考など	まとまらない・求心性なし・影が薄い・孤立感					4.0
7	育成力・評価力	対部下指導力・対協力会社教育・公平的評価など	後進が伸びない・利己的・不公平・見る目がない					4.0
8	コミュニケーション力	聴く力・伝達力・説得力・交渉力・調整力・表現力（言葉以外含む）など	伝わらない・言っても無駄・決裂・誤解					4.0
9	人的ネットワーク	社内外人脈・公私人脈・多分野多方面の人脈	孤独・関係薄い・交流なし・独善的					4.0
10	人間的魅力	思いやり・心配り・誠実・懐の深さ・スタイル・言葉・性格・感性など	面白くない・薄情・冷徹・殺伐・ありきたり					4.0
				総合点				40.0

図表 3-12　ソフトマネジメント力評価シート

の評価段階の再現率が80％以上ならば該当レベル、再現率が60％以上～80％未満ならば該当レベル－0・5点、60％未満ならば－1・0点としている。

活用方法

①評価結果を、10項目のレーダーチャートに示すことで、強み・弱みが認識できる。
②個人の評価点を経年でグラフ化すると成長が確認できる。
③組織として経年的に評価結果をモニタリングすることで「若い者の○○力が低下してきた」と言った定性的根拠を示すことができる。

そこで、ある集団において2015（平成27）年から3年の間に試行した結果を紹介する（図表3－13）。

- 対象者は、新人所長（所長歴3年未満）25名、中堅所長（所長歴3年以上9年未満）25名、ベテラン所長（所長歴9年以上）25名である。
- 評価は、初年度、1年後、2年後の3回とした。
- 2回目の総合評価点は、新人所長32・8点、中堅所長35・9点、ベテラン所長39・6点、更に3回目と経験を得るごとに高くなる傾向であった（図表3－14）。1年間の伸び率は新人所長＋5・2点、中堅所長＋3・2点、ベテラン所長＋3・2点であり、1年間の経験は成長の糧となっている。
- その後のアンケートのコメントを見ると、「自分の弱みであったコミュニケーションスキルを意識的に勉強した」などがあり、弱み強化の動機付けにつながった。

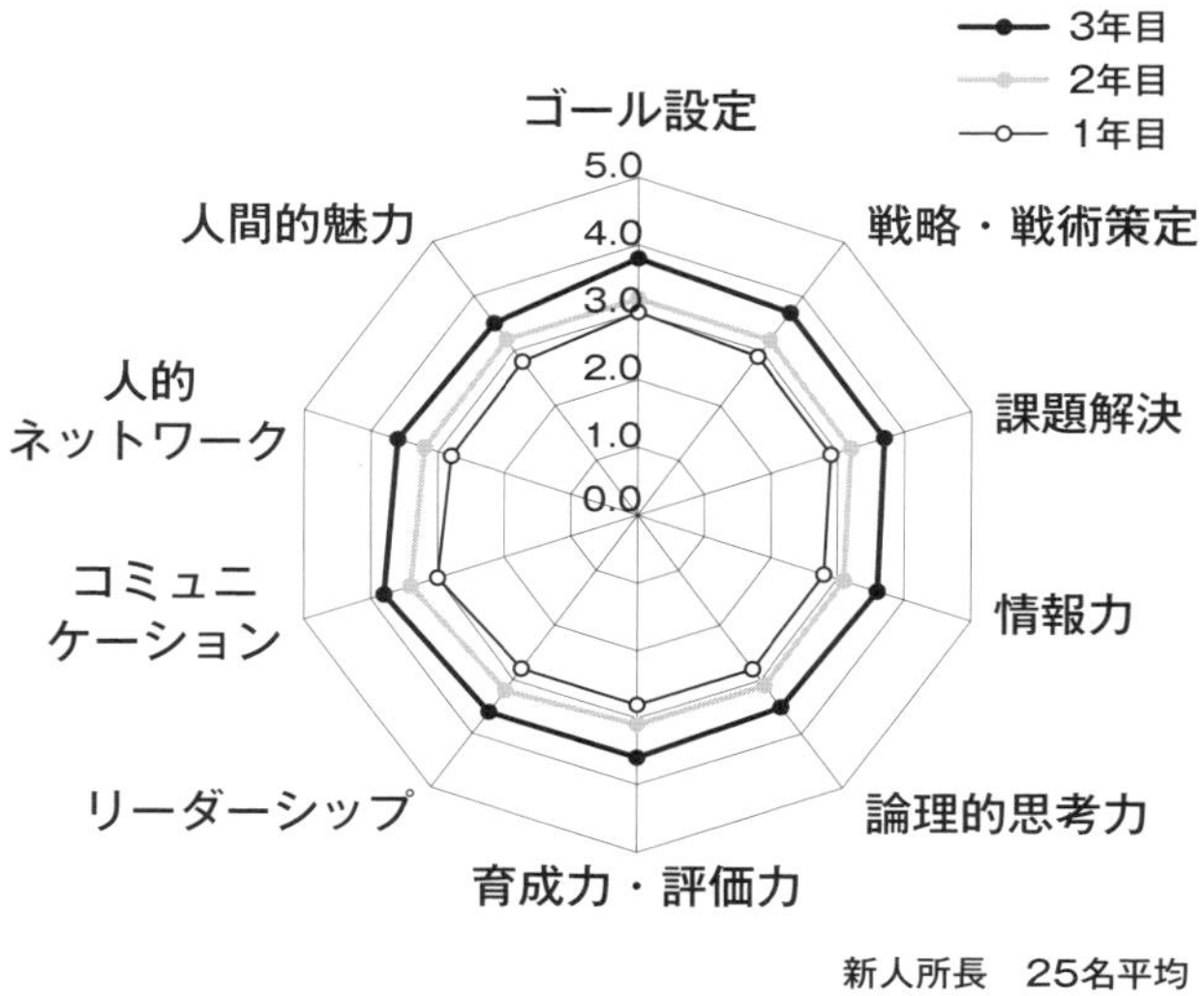

図表 3-13　ソフトマネジメント力評価結果：新人所長の平均

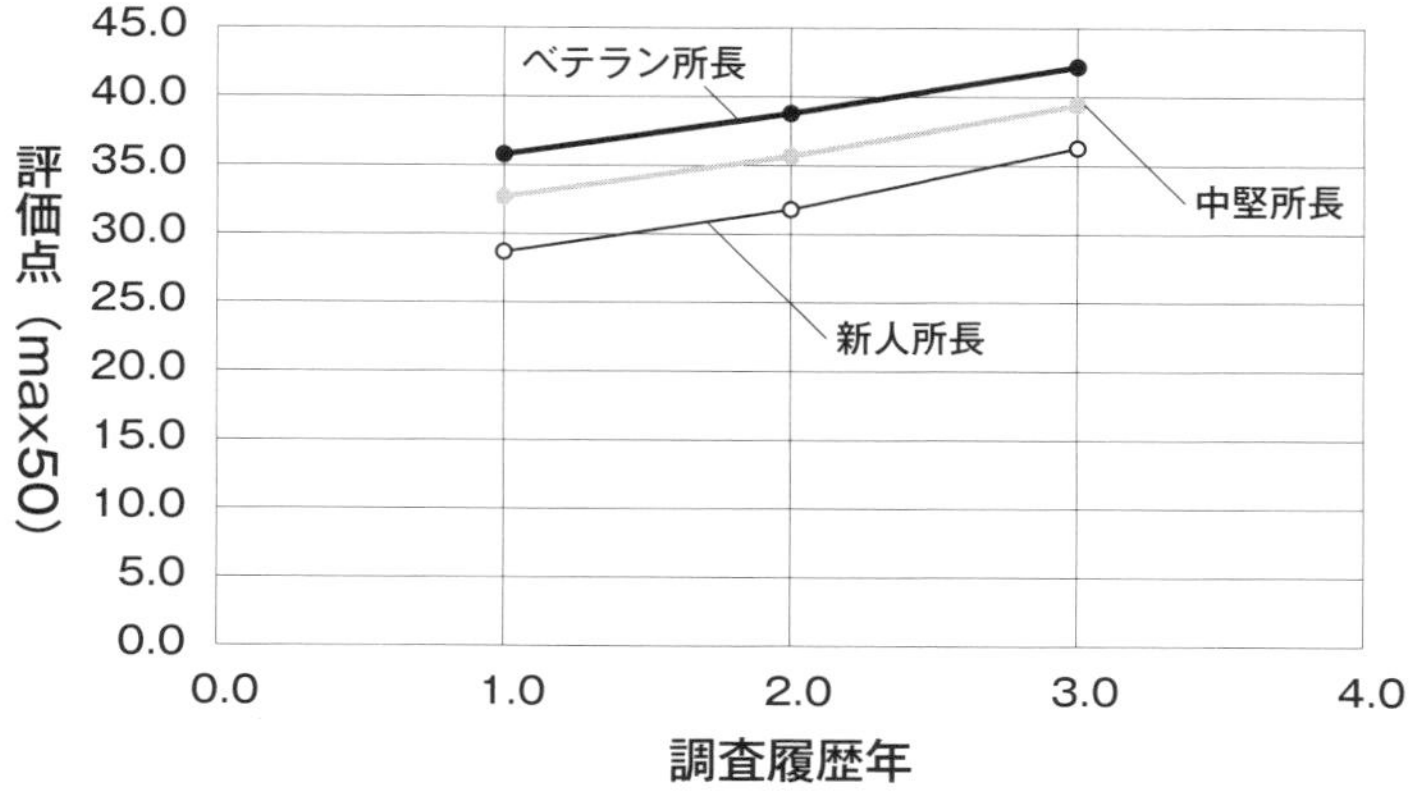

図表 3-14　ソフトマネジメント力セルフチェック結果

定性的な暗黙知であったソフトマネジメント力の見える化事例

・能力別では、過去3年の平均値で示すと「ゴール設定力」と「コミュニケーション力」が3・4点と高く、「情報力」「論理的思考力」「育成力・評価力」が3・2点と低い傾向であった。これは、竣工というゴールに向けて進める意識、メンバーや技能労働者、建築主、設計者などの人とのつながりを重視している一方で、うまく説明ができていないことや人材育成に手が回っていない自覚があることの表れである。

評価結果で強みがあるに越したことはないが、必ずしも全項目が最高点である必要はない。個性的なリーダーのいる多様性ある組織の方がむしろ健全な状態であり、激動の時代に適応していくには、その方が良いと考える。計画力に秀でた作業所長、人材育成が得意な作業所長、交渉が上手な作業所長など、様々な個性が活かされていくことが健全と言える。

一方、弱み側について、全項目が及第点以上であること、同一現場のメンバーの総合点に弱点がないことは最低限、確保しなければならない。個人であれ組織であれ、弱みは補充し、及第点レベルまで確保しなければならない。一つの建築現場に参集した者のそれぞれが得意な面を十分に発揮し、不足していることを補塡し合っている状態が、強い組織にはなくてはならない条件である。

4章

施工マネジメントの現場

4章では、施工マネジメントの現場について説明する。前半では主にハードマネジメント力を発揮して遂行する業務について、後半ではハードおよびソフトマネジメント力を駆使しなければならない現場について説明する。いずれにおいても、1章で述べたマネジメントの四つの基本条件である「基準がある状態にすること、現状を把握すること、ギャップを認識すること、解決する動機があること」を認識することが重要である。

なお、建築現場のマネジメントの目的には、最低限守らなければならない「法」という「基準」から、より高みを目指し付加価値の最大化を狙う「基準」までの幅がある。この章では「基準」と「現状」のギャップを克服するコツや勘所などの暗黙知もできるだけ多く示したい。

1 ハードマネジメント力を発揮する業務

2章において、ハードマネジメント力とは、形式知化されている規格や基準、体系化された知識・技術、身体的スキルを合わせた能力と定義した。対象とするのは、法規や指針・規準類であり、あるべき姿や目標値、要領などが比較的、確立された既知のものが多い。一般的には、「QCDSEM」として分類できるので、これに沿って解説する。

M Quality 品質管理　品質をつくり込み、信用を信頼に！

建築では、建築主の想いを設計図に表現し、その設計図を施工図・製作図に詳細化する。その後、製作された部材を現地に運び込み、技能労働者が、それぞれの持ち場、立場で完成形に仕上げていく。そのプロセスによって建築主の想いや期待を完成形に具現化できている程度が、本当の意味の品質である。その想いや期待には、漏水しない、耐震性や耐久性があるなど、一般的な公的基準に基づくレベルから、見栄えが良い、使いやすいといった主観的ニーズのレベルまである。本書では施工図から完成形に具現化していくプロセスを「つくり込み」と呼ぶこととする。つくり込みの前半は図面作成であり、後半は部材製作、現地作業、工程ごとの完成形のチェックと是正である。後半の具体例としては、公的基準に適合させるように、杭の支持層を確認する、鉄筋を正しく組む、コンクリートを受け入れ打設し締め固める、鉄骨をミリ単位の精度で建て方し溶接接合する、断熱材を正規の厚みで吹く、防水層を施工したら水張り試験をして漏れないことを確認する、仕上げの出来栄えを確認する、設備機能が要求性能通りか検査するなど、工程ごとに多種多様な品質のつくり込みプロセスがある。

建築現場における品質のつくり込みプロセスに関する基本ポイントを紹介する。

基本ポイント1　施工図でつくり込む

現地・現物でのつくり込み作業の前には、施工図や製作図による「意匠・構造・設備の整合性確保」「応力伝達・止水性確保などの機能的納まりのつくり込み」が、極めて重要である。もともと材料仕様が適していないもの、図面段階で納まっていないもの、整合性がないものは設計変更をお願いしなければ、結果としての品質は確保できていない。適正な材料選定、適正な納まりのつくり込み、適正な作業手順による組立てがあって初めて現地作業に臨めるのである。

基本ポイント2　タイムリーで厳しい検査目線による日々の品質チェック

日々、出来形が変化する建築現場では、工程検査のタイミングが重要である。日用雑貨のような小さな大量消費材と比べて、建築は大きな一品生産品であるため、サイズの誤差や間違いなど不適合が発生した場合には、取替えや是正のための手戻りに、多大な時間と労力・費用を要し、極めて影響が大きい。そのようなことにならないためには、工程ごとに小まめなチェックや検査が重要な関所となる。設計・監理による「公式な検査」は、その時点での出来形検査である。そこに至るまでの「工事担当者による日々の品質チェック力」が、品質管理レベルの優劣を決める。

基本ポイント3　合否判定値は厳正に明示すること

品質検査担当者となった場合には、あらかじめ検査の合否判定基準や許容幅を明確に理解しておくことが必要である。「これは施工誤差」と楽観して、安易に許容してはいけない。目先の甘い判断は、建物使用後の長い間に不具合が生じる原因になる。

基本ポイント4　判定基準が複数ある場合には、優先順位を知って判定せよ

機能上必要な最小寸法、構造上必要な最小限強度など、品質管理項目が多い場合には、重要度をよく理解し優先順位を付けておく必要がある。基本的な要求事項である地震に対する構造安全性や、暴風雨による漏水から建物を守る止水性は最重要である。

多種多様な基準がある中で両立しない場合もある。どちらを優先して合否判定するかは、基準そのものの根拠や不具合の発生メカニズムから判断することにもなる。知識だけでなく技術的根拠をしっかり理解しておくこと、とりわけ仕様書に記載された基準値が最小値なのか、上限値なのか、平均値なのか、数値の意味を十分に認識しておく必要がある。

基本ポイント5　隠れる部位は、必ず品質判定の証拠を残すこと

「エビデンス（証拠）」として品質記録を残す重要な仕事がある。建築には、土の中の杭や基礎、コンクリートに打ち込まれる鉄筋、隠蔽される設備関連機器など、隠れる部位がたくさんある。通常、建物の品質は、瑕疵保証契約（改正民法では契約不適合責任）や住宅品質確保法（住宅の品質確保の促進等に関する法律）などによって保証されているが、品質記録はその最も大事な証拠となる。これらの記録保管は建物を引き渡したあとに不具合が生じた際の不要な疑義を払拭するのに最も有効となる。そのことが、直接の施工管理者や会社を守ることにつながる。

私が若い工事担当であったころに、先輩から口うるさく言われた言葉がある。

安全や利益の管理成績は竣工で終わるが、品質は建物がある限り一生つきまとう

これは、建物が存在する限り、だれが施工した建物なのかと言われ続けるということである。見えない箇所でも丁寧に仕事をしないと、後々のメンテナンスを手掛ける者には、当時の仕事の取組みに不備があったことが分かってしまう。これには重々気を付けたいものである。

Cost　損益管理　WIN-WINの合理化した取組み

若手技術者は、直接、損益管理を担当したことはないかもしれない。しかし、施工管理業務の大きな流れの中では、関与している。若い時から損益管理を経験することは視野を広くする。

工事価格とは売価（プライス）であり、工事原価（コスト）は支出である。その差額が損益額であり、プラスの利益だけでなくマイナスの欠損もある。利益を最大化し社内目標を達成しようとする活動が損益管理である（図表４－１）。つまり、収入である工事価格と支出である工事原価の差額を大きくする、すなわち「入りを増やして出を減らす」活動である。

建築工事は、多くが「請負工事」である。したがって、ある工事価格でいったん、契約したら（＝請け負ったら）、設計変更がない限り、原価がどのように変動しても、その中でやりきることが使命である。ただし、著しい物価高騰や天変地異が起きた場合には、請負価格そのものを再交渉したり、請負契約時に設定した設計グレードを変更するなどにより、適正な利益の確保を行うことがある。

マネジメントする対象を熟知するため、工事原価の構成を確認する。

建築主と取り交わす見積書は、建築主が理解しやすいように工事種別の価格構成とし、数量と単価の積で明細化している。大きくは直接工事費と諸経費で分類され、直接工事費は、建築工事・設備工事・雑種工事で集計されている。また工事

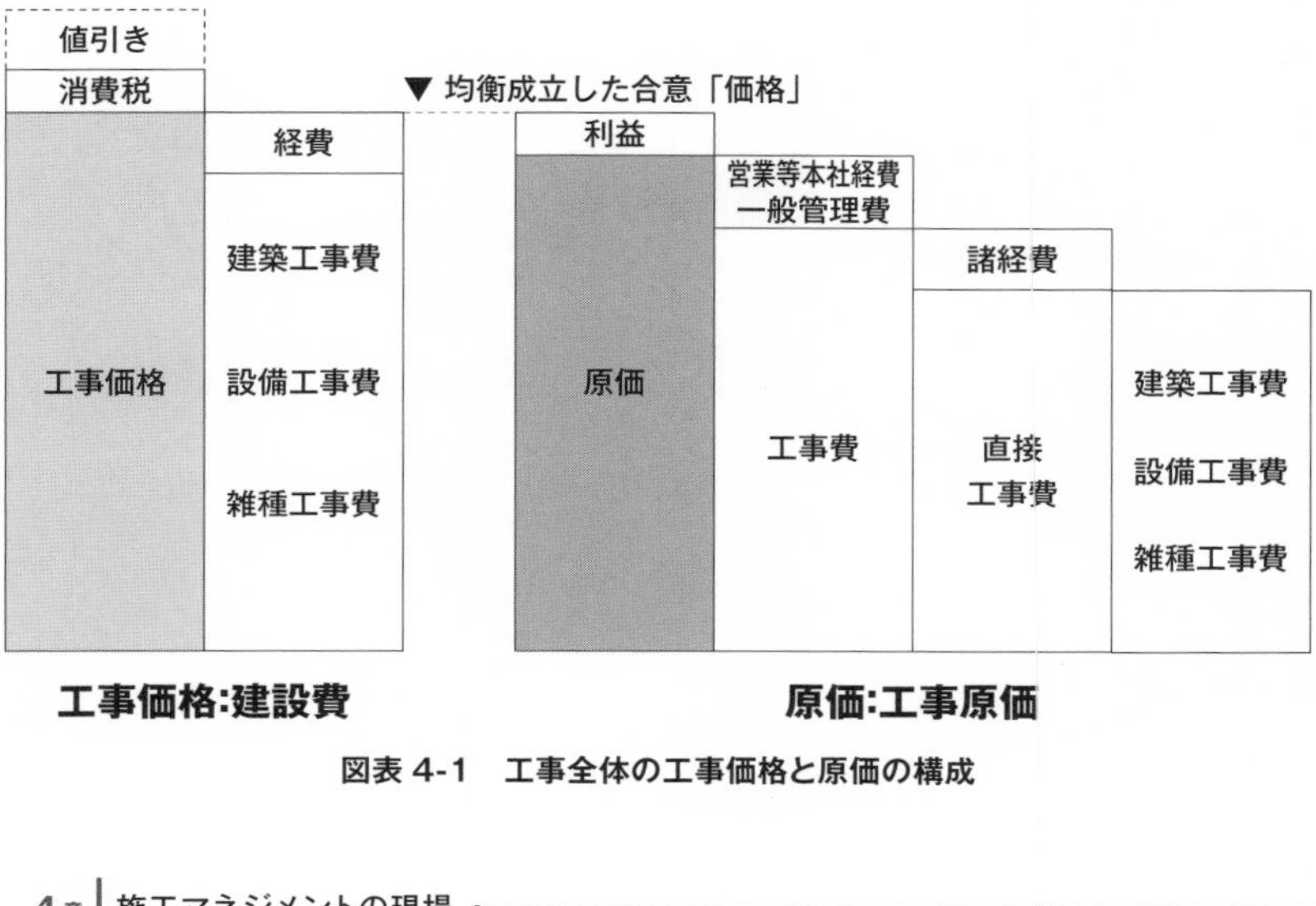

図表 4-1　工事全体の工事価格と原価の構成

種別ごとの単価は複合単価と呼ばれ、材料・労務・運搬・経費などを合わせて、単位面積当り等の単価として示している（図表4－2）。

例えば金属建具では、一か所当たりの材料費（原材料と製作費など含む）3万5千円、取付労務費3千円、運搬費2千円、経費1千円を合計した複合単価は4万1千円／か所となる。これが10か所あれば、41万円である。

損益管理に際して、材料費や労務費などの単価がどのように決まるかを知っていると、原価低減のアイデアの幅が広がる。

例えば、取付労務費では、技能労働者の費用を3万円／人・日、取付効率を10か所／人・日とすると、取付ける単価は3千円／か所となる。この取付効率のことを作業歩掛りという。現場管理においては作業歩掛りをいかに上げ、取付単価を安くできるかが、原価低減の一つの腕の見せどころとなる。前述のように建築主に対する契約時の工事価格の見積明細では、部位別の複合単価と施工数量の積で表示する。

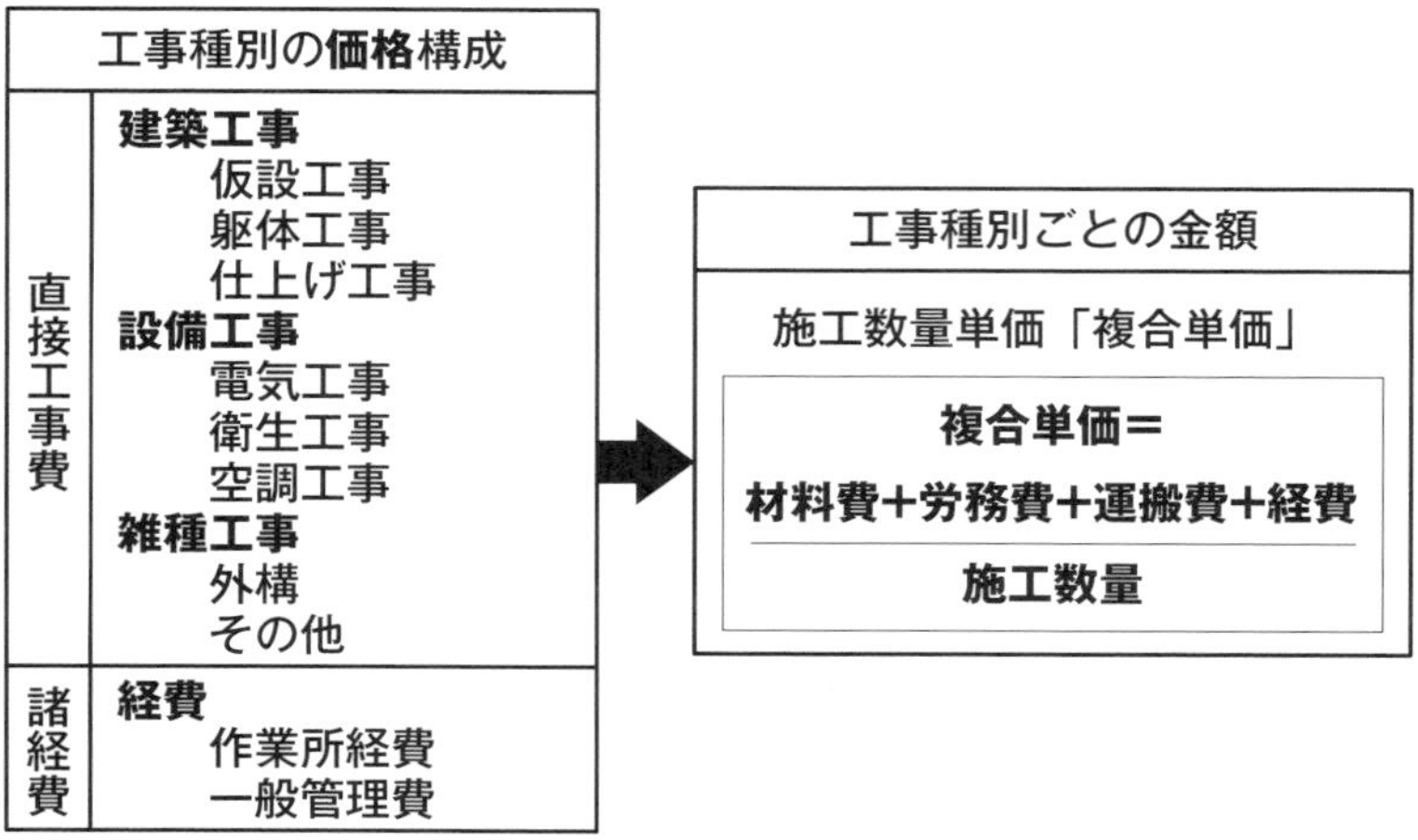

図表 4-2　工種別の価格の構成

価格の構成を知って的を射た利益づくりをする

一方、専門工事会社への支払金額の管理では、専門工種別の支払先別に分類・分解した「整理科目」で管理することが多い（図表4-3）。この時、材料と労務を合わせて契約する場合を、一般的に「材工」あるいは「外注」契約という。

例えば、「足場組立解体」を考えてみる。この場合の複合単価（@円／㎡）は、材料リース費（リース会社）、組立解体手間（鳶会社）、材料運搬費（運搬会社）で構成される。これを整理科目別に分解することにより、専門工事会社別に見積り・調達・支払いの原価管理を行うことで、緻密な管理ができる。

現場における損益管理活動の流れを、ステップ1~10にて説明する（図表4-4）。工事価格は、設計変更がない限り変動はない。したがって、現場においては、本体工事における原価低減と追加工事獲得における工事価格の増加が主な損益管理活動となる。

ステップ1　予算作成

着工すると、早期に「工事予算（実行予算）」を作成する。そのためには、まず目標となる利益と原価を設定し、見積原価を整理科目別に分解し、予算対比ができる準備をする。

設計図書、施工計画、工程計画に基づき、数量や単価を積み上げた整理科目別明細の工事予算書を作成する。ここでも過去の工事歩掛りを参考にすれば大きな誤差は生じない。施工計画内容によって予算の中身が大きく異なるので、実現可能かつ合理的であることがポイントである。必要に応じて、複数の施工計画案をシミュレーションし、最適解を求めながら予算を確定していく。

整理科目名（事後）			要素			
			材料	労務	外注	経費
建築工事	仮設工事	仮設材料（機材）	○			
		仮設材料	○			
		仮設用消費材料	○			
		仮設大工工事			○	
		仮設鳶工事		○		
		仮設土工工事		○		
		……				
	躯体工事	生コンクリート	○			
		鉄筋	○			
		その他躯体用消費材料	○			
		杭工事	○	○	○	
		掘削工事	○	○	○	
		……				
	仕上工事	骨材	○			
		セメント	○			
		その他仕上用消費材料	○			
		既製コンクリート工事	○	○	○	
		防水工事	○	○	○	
		石工事	○	○	○	
		……				
設備工事		電気設備工事	○	○	○	
		給排水衛生設備工事	○	○	○	
		空気調和設備工事	○	○	○	
		……				
雑種工事		雑種工作物工事	○	○	○	
		土木工事	○	○	○	
		解体工事			○	
		……				
経費	保険料・作業所経費	損害保険料				○
		労災保険料				○
		給与				○
		……				
	その他経費	商社等管理費				○
		設計料（設計施工の場合）				○
		……				

図表 4-3　整理科目

ステップ2　VE提案

原則として、つくるものが変わらなければコストは変わらない。そこで、つくるものの価値は変えずにコストを低減するVE手法を導入する場合がある。

VEとは、「Value Engineering（バリューエンジニアリング）」の略で、「建物やサービスの性能や価値を下げずにコストを抑えること」を言う。これを設計変更案として、建築主や設計事務所に提案するのである。

ステップ3　調達交渉

「調達」とは、「予算内で、より安く、入手する」ことを言う。調達手法には、①競合間の相見積り、②コスト競争意欲のある新規会社からの買付け、③逆オークション、④年間契約大量購買、⑤パートナー提携、⑥海外調達、⑦為替変動や物価変動を駆使した調達時期活用、⑧推定工数に基づく金

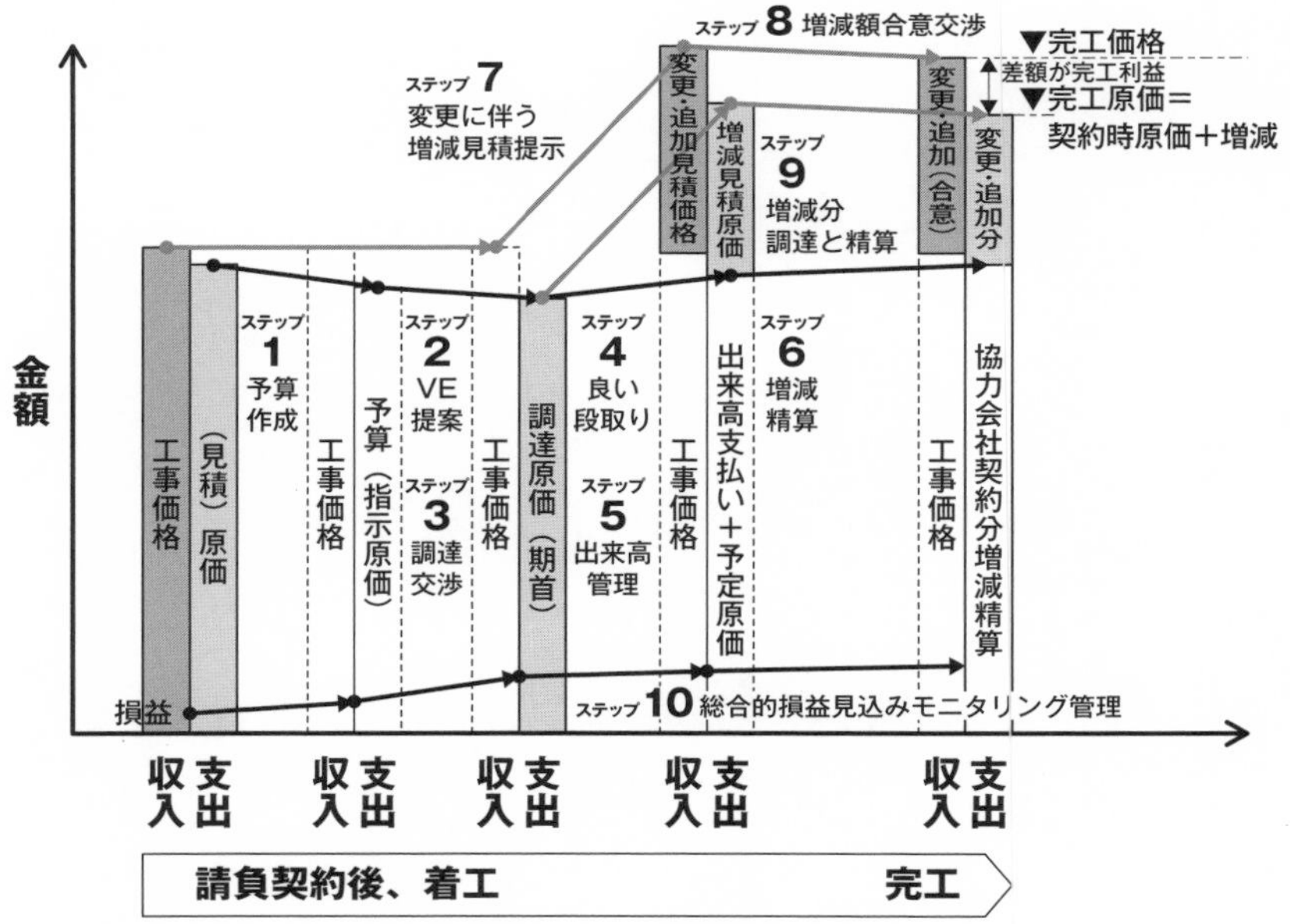

図表 4-4　損益管理フロー

額合意などがある。

最近では、組織力を活かした内勤調達部門での集中購買が進んでいるが、中には現場が直接調達する方が効果的な品目もある。価格交渉の場面では、情報収集力に基づく論理的交渉術が必要となるので、ソフトマネジメント力を発揮する側面は多い。

契約においては、施工範囲を明確にして合意しなければならない。取引金額である価格（プライス）は、実は原価（コスト）の積上げだけで決定しているのではなく、需要と供給のバランスで決まっている側面もある。市場原理においては、原価の積上げは、供給側の内部事情に過ぎないのである。

ステップ4　手待ち・手戻りゼロの段取り

芸術的なオブジェや絵画と見まがう塗装作業のような特殊で希少価値ある技能は別として、施工単価は技能労働者の日当手当と作業効率が根拠となって決まっている。それゆえ、作業効率を著しく低下させることは、実質的な施工単価のアップにつながる。中でも作業ができないで待機せざるを得ない「手待ち」や間違った情報で施工してしまい解体・やり直しを強いられる「手戻り」は、数ある生産性阻害要因の中でも、最も最小化すべきコストアップ要因である。その金額負担は、原因者が果たすことが社会通念である。したがって、工事担当者は「手待ち・手戻り」をゼロにすることが、最も重要な原価抑制策なのである。逆に、想定より効率アップした「良い段取り」は、原価低減に大きく寄与する。それを目指さなければならない。施工手順が分かる試験施工でモックアップをつくり、事前に確認することも「手待ち・手戻り」を防止する対策として有効である。

ステップ5　日報・月報出来高管理

日々の労務工数実績を確認し、承認することは、労務に関する原価管理の基本である。特に、労務工数に基づく「作業歩掛り」は、材・工契約するにせよ、ゼネコンと専門工事会社がお互いに納得し、共有していることが基本である。月々の請求金額は、現地の出来高、労務工数の投入実績、産廃処分などの立替え・戻《れい》入《にゅう》や控除※、他社の手待ち・手戻りを生じさせた原因者負担、破損修理の精算などを考慮して、透明性・公平性・納得感ある適正評価をしなければならない。月々の過剰な先払いは過払いとなり、会計的なリスクとなるので注意が必要である。

※ 戻入　一度支出された歳出が、過払いなどの理由によって元の歳出予算に戻されることで、元請でまとめて立替え払いしていた下請負担金額を戻す会計処理

※ 控除　上記の戻入のために、下請への出来高支払いから、一定金額を差し引くこと

ステップ6　専門工事会社との精算（初期契約分）

設計変更に伴い、当初の契約内容から変更や追加が生じることがしばしばある。例えば、契約当初の設計では壁仕様がモルタル塗りであったものが、建築主のグレードアップ要望により石張りになった場合、左官工事はやらなくなった代わりに、石工事による追加工事が発生する。契約明細の中で、やったこととやらなかったことをきちんと把握し、増減精算する。そうでなければお互いの信頼関係は維持できない。数量を精度良く積算し、お互いに納得して合意していくことが重要である。

ステップ7　建築主へのタイムリーな追加変更提案と見積提示

着工後の設計変更による追加工事は、建築主や設計者起案もあるが、施工者起案の場合もある。設計変更と言えば、施工図や製作納期を圧迫する場合が多く、避けたいとの考え方もあるが、請負金額が増加する場合も多いので、損益管理の面では増収増益の可能性を秘めている。したがって、建築主にとって魅力的な変更提案を、ゼネコン側からタイムリーに提案することは有効である。その際、見積りも併せて提示することが、非常に有効である。

ステップ8　建築主との設計変更の増減額合意形成

初期契約からの設計変更は増減となることが多く、契約変更は適正に精算しなければならない。その採否は、変更見積りの金額を合意した上で決定すべきだが、金額交渉時間が工期を圧迫する。設計変更によってつくるものが変更になれば、価格と同時に工期も変わるべきであり、金額交渉と工期交渉はセットとすることを忘れてはならない。

もし設計変更があっても竣工日が変わらないならば、金額合意未了のまま工事が進んでいく場合も多い。お互いの信頼関係のもとに進んでいくのであるが、払う側は安くしたい、請ける側は多く貰いたい、それが金額合意を難航させることもしばしば起きる。

請負者ができることは、スピーディーかつタイムリーに、追加変更見積りを提示することである。理想は、追加変更の工事着手前の金額合意である。それができない場合でも、増減見積りを提示し、暫定額を合意しておいてから事後交渉を進め、適正利益を確保することが重要である。結果的には、それが建築主との信頼関係の構築にもつながる。

ステップ9　増減分の調達と精算

建築主との増減分についても、金額の大小にかかわらずステップ3から6で示したように損益最大化の活動を緩めてはいけない。

ステップ10　総合的な損益見込みモニタリング

上記ステップの切替わり時などに定期的に損益見込み予想と予算対比、誤差回復策立案を行うのが原価管理活動サイクルである。損益見込み予想の算出には、調達済の契約金額、支払済の出来高、今後発生する予想原価を精度良く集計する必要がある。特に労務工数の結果として支払われる見込み額に対する実施工数を緻密にモニタリングすることが、目標利益の基となる「ねらいの原価」達成につながる。

損益管理とは、ある時は厳しく切り詰め、ある時はコストを投入してでも効率を伸ばしていく戦略の展開であり、経営マネジメントの縮図とも言える。共通して言えることは、目標利益必達に向かって原価を投入する際の厳しさと醍醐味を、どちらも併せ持っているということである。

Delivery　工程管理　竣工日厳守に向けた作戦と進捗モニタリング

工程管理には、四つの段階がある。

①工期設定　着工前に適正工期を確保する段階

②**工程計画　実施工程を計画する段階**
③**工程実行　実行する段階**
④**工程制御　実施の進捗をモニタリングし、遅れが生じた場合には修正する段階**

建築現場において工程計画は、現地現物での「時間」の使い方を決める最も重要なファクターであり、何をどの順でいつつくるかといった多くの決めごとの集大成と言っても過言ではない。そして工程計画が適正でなければ、安全・品質・損益が乱れ、災害発生・不良品続発・利益低下につながる。

そして、アウトプットとしての工程表は、関係者全員が拠り所とする羅針盤としての機能を果たしていく。大きくは、設計期間・施工工期の両方を含むプロジェクト工程表、純粋に施工工期を示す工事工程表に分けられる。さらに検討レベルによって、発注まで含んだ総合工程表、期間を絞ったより詳細な3か月・月間・週間工程表などがある。

以下、4段階の工程管理について述べる。

①**工期設定**

そもそも設定した全体工期が実際の作業の必要日数に対して、大きな不足のあるものであれば、その工期の中でどんなに良い工程計画でも実現不可能あるいは休日・夜間も稼働せざるを得ない突貫工事となってしまう。

2018（平成30）年から、国を挙げて建設業の働き方改革を推進しているが、重点課題は、受注における「適正工期の確保」である。これは、2020（令和2）年に改正建設業法として、受・発注者双方に義務化された。2024（令和6）年4月からの改正労働基準法では時間外労働時間の規制が適用された。現場の施工管理者、技能労働者の週休2日取得も考慮した工程計画が必要とされることを忘れてはならない。

②工程計画

確認申請が下り、建築主と契約工期も含めた請負契約が完了すると、いよいよ工事着工となる。

工程計画は、完成形である設計図書を基に、具体的に細かな部材に分解し、現地作業として、だれが、いつ、どこに持って行き、組み上げていくか、言わば「設計図を作業プロセスに翻訳する仕事」である。基本的に工程計画は、工種間の作業単位のつながりと各々に要する日数の積み上げなので、計画精度を上げるには実現可能で合理的な施工手順まで考えた日割り工程が基となる。

設計図で表示された同じ外観の完成形状をつくる場合でも、作業手順によっては、設計図の詳細を変更する場合が出てくる。例えば、床と壁の取合い形状と作業手順である。最終的な出来形は同じでも、どちらを先に施工するか、実施工のやりようによって床・壁の取合いディテールまで変わるのである。（図表4－5）

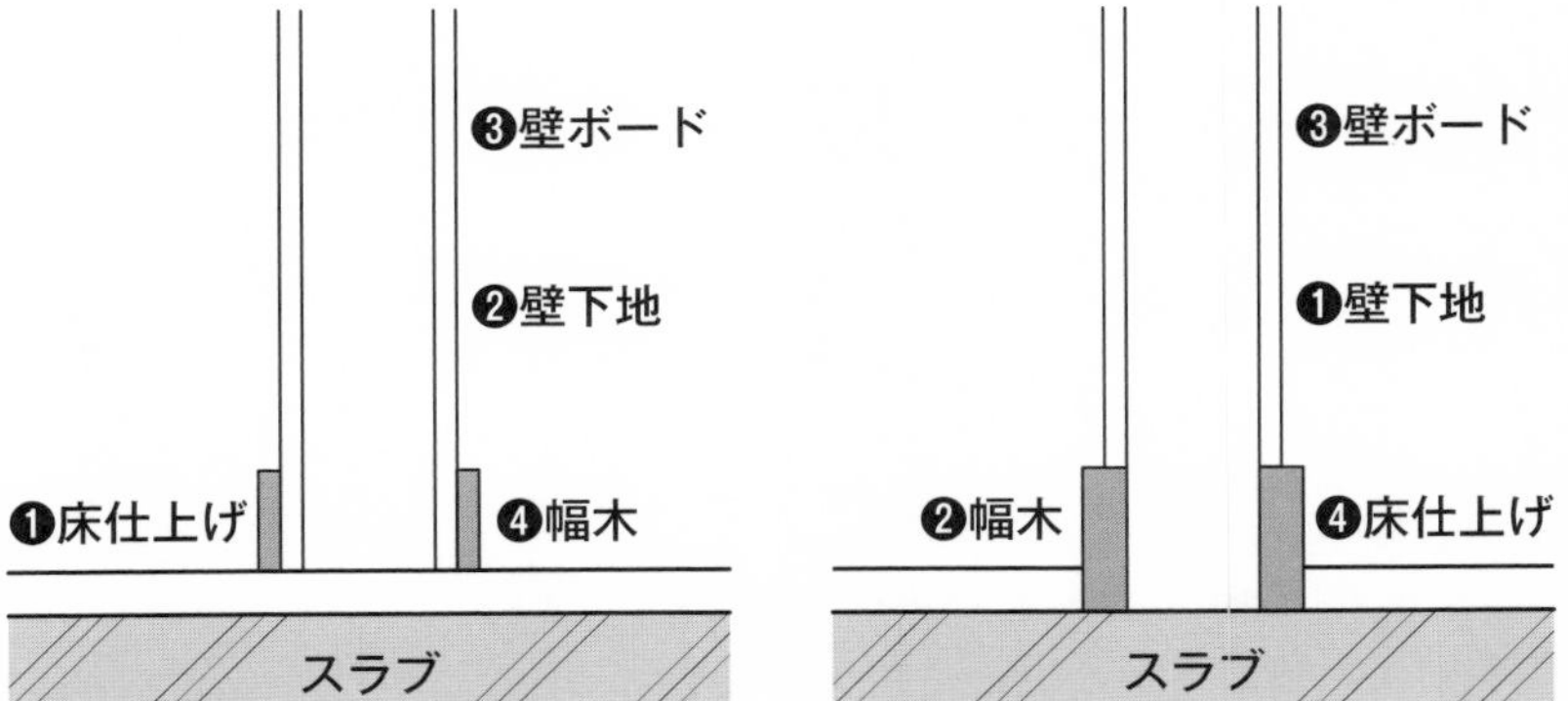

図表 4-5　完成形は同じでも、違う施工手順

工程計画で重要なことは、工程の手順に必要な作業の抜けがないこと、施工に現実性があることである。抜けは突発的な作業を生み、非現実性は重大な工程の遅れとなる。更に次工程やその手配にも影響を及ぼし、その悪循環によって、実に信頼性のない工程表と化す。

工程計画には、資材発注と工場製作期間を盛り込んでおかなくてはならない。鉄骨などは、着工してから現地着手までの期間が短い場合も多く、ロール発注や製作を着工前に行っておくことが必須の場合もある。竣工に近付くと通常の検査工程だけでなく、マンションでは内覧会、特殊な生産施設ではバリデーション（基準検証検査）、別途工事が契約工期中に含まれる場合などがあり、確実に盛り込むことを忘れてはならない。

工程計画ではクリティカルパスを最小化し、合理的に策定することが、建築工事の戦略づくりに欠かせない。「クリティカルパス」とは、連続する作業手順・経路の中で、最も長く時間を要するものである。ここで失敗すると工事全体が遅延してしまう。

工程表の表現には、分かりやすさも大事である。専門工事会社を含む関係者が、何月何日に入り、いつまでに完了するかを読み取れなければならない。やさしい表現でありながら、具体的で、納得できることが工程計画の実現性には必須である。昔は突貫工事なども多く、専門業者に人数の増員手配や休日・夜間作業を強いた時代もあった。しかし、前述の改正建設業法では、「著しく短い工期の禁止」が定められ、建築主とゼネコンとの間だけでなく、ゼネコンと1次下請会社の間でも適正工期が求められるようになった。無理やり厳しい工期を押し付けるのではなく、お互いに納得した工程を合意した上で、契約を締結し進めなければならない。国土交通省への駆け込みホットラインは違法な契約締結を防止する有効な手段となっている。

③工程実行

基本ポイント1　はじめに段取りありき

「良い段取り」とは「しっかり準備すること」である。建築現場では「段取り八分」と言われるように、成果の良し悪しは段取りで決まる。経験不足や未熟な担当者もいるが、それでも施工管理技術者には良い段取りを遂行する義務がある。

そこで、「ひもみあまおき」という言葉を提案したい。この7文字は、施工管理初心者でもモレのない段取りができるセルフチェックの合言葉である（図表4‐6）。「ひ」人が来る依頼をしたか、「も」モノが来る手配はしたか、「み」道となる作業場までの動線や揚重は確保したか、「あ」足場、作業床はあるか、「ま」前工程は適正に済んでいるか、「お」納まりや墨からの寸法を自分が理解しているか、「き」基準や合否判定の許容幅を自分は分かっているか。

この七つをモレなく準備することが、良い段取りの基本である。工事担当者の身体に染み付くまでこの合言葉

建築現場、「段取り」チェックの合言葉

「ひ」：ヒト（**職人さん**は来るか？：人数・技量・集合時間）

「も」：モノ（**製品・材料・道具**は来るか？：数量・受入れ時間）

「み」：道（**動線**はあるか？：人の動線・モノの搬入出・揚重）

「あ」：足場（**足場、作業床**はあるか？：有無・スペース・安全設備）

「ま」：前工程（**前工程**は適正に完了しているか？：墨・完了・精度・片付け）

「お」：納まり（**納まりや作業手順**を自分が理解しているか？：指示できる・答えられる）

「き」：基準（**基準値**を知っているか？：合否判定値、許容値、あるべき姿）

図表 4-6　段取りの合言葉「ひもみあまおき」

を暗唱し、段取りの訓練をすることをおすすめする。

基本ポイント2　作業着手の初期の確認が肝心

技能労働者が、仕事内容を正しく理解しているかを作業着手初期に確認する必要がある。不完全なまま進めば、手戻り作業が増えるばかりである。手戻りを最小限にするためにも、すぐに修正することが工程管理のコツである。これは現場の施工管理担当者と技能労働者のお互いの共通認識を高めることに他ならない。

基本ポイント3　連絡しやすい関係づくり

施工管理担当者が、作業場所にずっとついていることはできない。技能労働者自身が少しでも判断に迷ったら、すぐに連絡できるような環境をつくることが重要である。今は携帯電話などの通信ツールが充実しているので連絡はしやすいが、重要なのは連絡のルール設定と「報告・連絡・相談（ホウ・レン・ソウ）」できる人間関係をつくることである。

基本ポイント4　現地現物の作業完了確認、合否判定、再指示と再確認

例えば、作業が終わり、事務所に報告に来た職長が「終わりました」と完了報告した。それを聞いて「お疲れ様」と言うだけでは施工管理になっていない。出来形が良くなければ完了してはいけない。施工管理担当者として、「分かった、作業完了状態を見に行くよ」と即応するのが基本である。外観をひと目見るだけでも分かることが多いからである。これもお互いの信頼関係を構築する重要な事柄である。

基本ポイント5　3回の連絡で確実に

工程遅れの要因の例として、以下の七つがある。

- ◆手配が遅れて着手予定日に専門工事業者が着手できないこと
- ◆口頭連絡で相手が忘れていること
- ◆工場製作物の納期が遅れること
- ◆技能労働者が不足して予定通りに進まないこと
- ◆道具や機械の故障で中断すること
- ◆前工程や隣接工程からの影響で支障が発生すること
- ◆台風、地震の影響による作業不能日や、ケガなどのトラブルが発生すること

これらを防ぐためには、早期の的確な手配を確実にすることが重要である。特に連絡ミスを防ぐための「3回連絡法」はおススメである。3か月前、3週間前、3日前の連絡である。できれば30時間前も実行すると確実に工程を動かすことでできる。

着手や完了時期を具体的日時で指定する「日時ピンポイント表現」も有効である。例えば「5月中旬」と言うのではなく「5月15日」と限定することなどは工程厳守に向けたコツの一つである。日時と時間を明確に言われた方が本人の記憶に残り、意識が向上する。何事も具体的に示すことが肝心である。

④工程制御

工程進捗を常にモニタリングし、工期遅延を検出するサイクルである。とりわけクリティカルパス上にある作業工程の遅れは看過してはならない。

基本ポイント　日割で対比

工程遅れを見付けるためには、工程表が工種別の日割り工程になっており、かつ当日の進捗と対比できるような表現になっていなければならない。

工事担当者が、全エリア、全工区、すべての階、すべての部屋に対し、進捗状況を監視することは現実的には難しい場合もある。その場合には、打合せ会議室に全体工程表を貼り出して進捗状況を見える化し、日々の工程調整会議の時に、各職長に当日の完了進捗線や完了日を記入する運営ルールを設定することが効率的かつ情報精度も高い。最近では、ICTデジタルツールを利用して共有し効率的にできるようになっている。

「途中の一日も　竣工前の一日も　同じ一日」という言葉がある。竣工前のせっぱつまった時期まで遅れを残さないよう、残日数が多い時期に日々の仕事を確実に消化するこだわりと厳しさが重要である。

Safety　安全管理　危険予防で安全に　かけがえのない命を守る

工事進捗段階と日常サイクルにおける安全管理の主なものを示す。

- 着工時・新規入場時

労働安全衛生法第88条に基づき、着工時には監督官庁（労働基準監督署）に「建設工事計画届」を提出し、承認を得る。技能労働者が新規入場する際には、入場者教育を実践する。

- 日常サイクル

朝礼におけるKY（危険予知）活動記録、作業当日の安全日誌、様々な安全関係書類の作成・チェックなど、エビデンスを残すための書類づくりが多い。

こうしたことも含め、予防に対する絶え間ない日々の積み重ねが無災害を生むのである。本質的に安全管理は、現場作業における危険から技能労働者を守り、工事中の災害を発生させないことが第一である。災害はなくて当たり前であるが、これをやっておけば災害が絶対に発生しないという策はない。どのような良い活動をしても災害が発生すれば過失となる。だからこそ、後悔しないように最善を尽くした日常活動が要求されるのである。

万が一、労働災害が発生した場合には、適正処理を施すとともに二度と起こさせない再発防止策を徹底することが重要である。なお、安全管理レベルについて、「安全」とは「危険ではない」というレベルである。近年、「安全」より目指すべきレベルが高まり、危険予防施設を完備し「安心して働ける環境」を整備することが期待されるようになった。これは「健全」レベルと言われ、更にはホスピタリティーを高めた「快適」レベルまで求められている。

私が心掛けてきた四つの基本ポイントを紹介する。

基本ポイント1　「建築現場は危険である」という原点認識

建築現場は、作業床のない高い所に床や壁をつくる作業の連続である。よって「建築現場は危険である」

という原点認識を持たなければならない。それに基づき、どのような作業に対しても仮設足場をつくり、安全策を施しながら作業をする。現在では、高所になる足場上の作業を必要としない無足場構工法も開発されている。

高所作業の事例だが、私はある曲面木造トラスのドームを手掛けたことがある。52m上空の極めて危険な作業空間であったが、徹底して技能労働者と施工のやりようを議論して煮詰めることにより、安全で安心できる作業床の設置に始まり、親綱や命綱を装着しての安全作業に至るまで詳細に計画し、無事故・無災害で竣工を迎えた（図表4－7）。

図表 4-7　危険な建築現場を安全にする

建築現場の災害は墜落災害が多く、リスク3Sポイント「すきま・隅・接点」において発生頻度が高い傾向がある。「すきま」は狭い場所や床の開口部、「隅」は床端部や人があまり行かない建物の端、「接点」は前工程の他業種との取合いである。「接点」には、作業指示や伝達といったコミュニケーション上の接点もある。このリスク3Sポイントには、特別に安全を配慮する必要がある。

「リスクアセスメント」は、こうしたリスクを網羅的に予測し、発生確率と重要度で危険度を評価し、予防策を講じる一つの手法である。

基本ポイント2　危険予防で安全に！　安心を与える良い手順

足場やスラブ型枠など、いわば仮設作業床は、できた瞬間に端部から人が落ちるリスクをはらむ開口部と化す。作業床ができる前、またはできると同時に外周手すりを先行設置する。作業床を設置したらすぐに外周手すりを回すのでは遅いのである。このような後手に回る未熟な施工計画では、安全は確保できない。安全設備先行設置は基本である。これを「安全の先取り」と言う。

基本ポイント3　危険防止施設と危険作業制御のルールを徹底する

労働安全衛生規則には、最低限設置しなければならない危険防止施設が掲載されている。また、危険防止施設の要否、寸法や強度仕様、危険行動禁止の基準なども示されている。

危険防止施設の管理

施設計画・設置に加え、維持管理も重要な要素となる。一時的に作業の邪魔になるからといって、手すりなどを復旧せず放置しては危険箇所が生じることになる。ルールは、「原則、施設は組立解体専門の担当業者以外の撤去や改造は不可」である。どうしても改造したい場合は、「施設改造許可申請書」などによる肌《き》理《め》細かな管理を運用することにより、安全レベルから安心レベルに向上させることができる。

作業行動の管理

「関係者以外立入禁止」の措置であるバリケードと標示によって、技能労働者が危険領域に立ち入ることを禁止することは義務である。よって、あいまいな標示や不備な施設は、もはや過失である。他にも作業行動を管理する活動には、技能労働者同士で注意喚起する「声掛け運動」や、うっかり・ぼんやりを防止する「指差し呼称」活動、上下作業を回避させる「上下作業禁止ルール」などがある。

これらを「徹底」するのは、口で言うほど簡単ではない。「徹底」とは100%実行することと肝に命じておかなければ、人の命を守る安全管理は完遂できない。

基本ポイント4　心の動きのすきまに生まれる危険を予防

災害の要因を分析すると、意識不足、知識不足、UFO（油断・不注意・横着）に行き着くことが多い。これらを総称して「ヒューマンエラー」という。技能労働者全員が完璧な知識と能力を有することはない。どのような熟練者でも心は移ろいやすく、行動が間違うこともしばしばある。よってヒューマンエラーを前提とした安全計画にしなければならないのである。これらを「バカよけ」とも言うが、私たち人間は皆バカでなくても、UFOになることが多い。

労働安全に取り組んだ心理学者に長町三生《ながまちみつお》がいる。彼は『安全管理の人間工学』（海文堂出版、1995）の中で、製造業現場における災害防止について事例を紹介している。それは、心のすきまに対するリスクアセスメントである。建築現場の労働災害は、高度成長期後に大きく減少したが、近年、徐々に下げ止まり傾向にあり、これを打破するヒントになる。（図表4－8）。

災害事故は機械設備や環境要因、人的要因、組織ルールなどのマネジメント要因の結合から発生するととらえ、その中の人的要因「ヒューマンエラー」に影響を与えるものとして「場面」、人の行動を動かす「マ

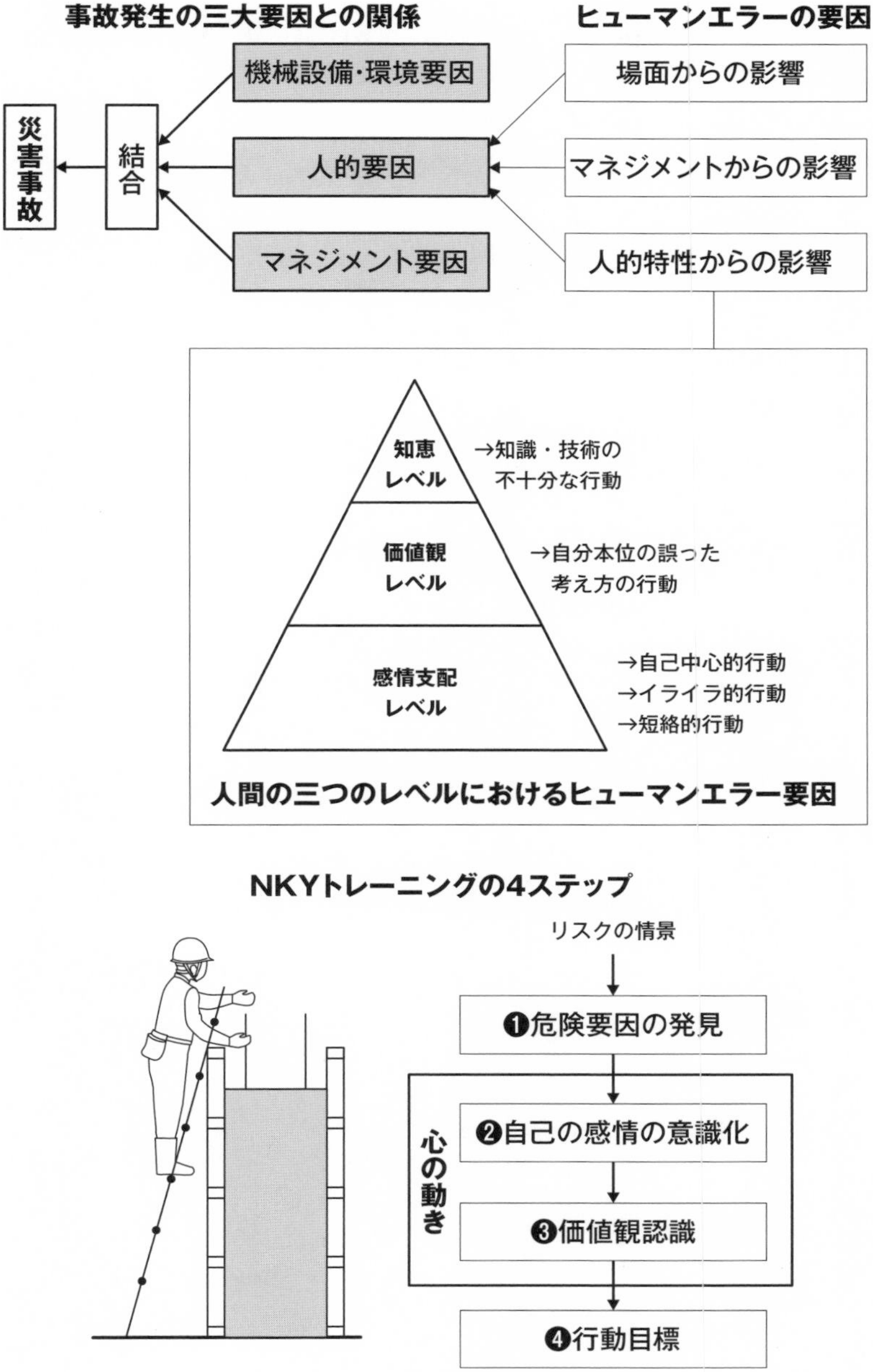
事故発生の三大要因との関係
ヒューマンエラーの要因
機械設備・環境要因
人的要因
マネジメント要因
結合
災害事故
場面からの影響
マネジメントからの影響
人的特性からの影響
知恵レベル
→知識・技術の不十分な行動
価値観レベル
→自分本位の誤った考え方の行動
感情支配レベル
→自己中心的行動
→イライラ的行動
→短絡的行動
人間の三つのレベルにおけるヒューマンエラー要因
NKYトレーニングの4ステップ
リスクの情景
❶危険要因の発見
心の動き
❷自己の感情の意識化
❸価値観認識
❹行動目標

図表 4-8　心の動きに対する新しいKY

ネジメント」、「本人の人的特性」を挙げている。本人の人的特性によるヒューマンエラーを三つのレベル（知識レベル、価値観レベル、感情支配レベル）で整理した。その中でも心の動き、すなわち誤った価値観と感情的行動に着目し、危険予知手法を進化させたのである。

具体的には、作業に着手する前に、技能労働者に自分にはどんな心の隙が生じるかを想像してもらう、その隙に対して、まず自分自身でできる歯止め策を考える、次に職場の同僚が予兆に気付き、声掛けなどの予防策を準備する。このように長町三生は従来の危険予知手法にはなかった活動を提唱し、成果を残している。

Environment　環境管理　地球環境を守る最前線

地球環境の保全や脱炭素運動が、世界の喫緊で持続的な課題解決活動となっている。そのような状況を受け、建築の設計においては、ＺＥＢ※などの環境負荷ゼロを目指した建物への移行が進められている。

一方、建築現場では、自然を改造しながら人工物をつくっている。使用材料には天然木や自然石などがあり、これを採取し、加工して製品にしている。加えて、作業に欠かせない重機や運搬車両は、たくさんの燃料や電気エネルギーを消費して生産性を上げている。

※　ＺＥＢ：Net Zero Energy Building（ネット・ゼロ・エネルギー・ビル）の略称
　快適な室内環境を実現しながら、建物で消費する年間の1次エネルギーの収支をゼロにすることを目指した建物のこと

建築現場の最前線において最低限、実行すべき活動は法を遵守する管理である。主な関連法（図表4－9）について専門書を参照して、関連法規に示された具体的基準値などを熟知する必要がある。

分類	主な関連法き（略称含む） 凡例：●すべての建築現場に直接的に関連するもの	
空気	●大気汚染防止法 ・悪臭防止法 ・地球温暖化対策の推進に関する法律（温対法）	・フロン排出抑制法 ・オゾン層保護法
水	●水質汚濁防止法（一般排水基準） ●水道法、下水道法 ・河川法 ・海洋汚染防止法	・瀬戸内海環境保全特別措置法 ・湖沼水質保全特別措置法 ・工場用水法 ・ビル用水法（建築物用地下水の採取規制の規制に関する法律（ビル用水法））
土	●土壌汚染対策法	
廃棄物	●廃棄物処理法 ●建設リサイクル法 ●資源有効利用促進法	・プラスチック資源循環法 ・容器包装リサイクル法 ・家電リサイクル法
公害	●騒音規制法 ●振動規制法	・公害防止組織整備法（特定工場） ・自動車 No_X・PM 法
有害物	・石綿障害予防規則 ・ダイオキシン類対策特別措置法 ・PCB特別措置法 ・毒物および劇物取締法 ・消防法のうち、危険物取扱にかかわる部分	・水銀汚染防止法 ・化審法（化学物質の審査、製造規制） ・化管法（特定化学物質） ・バーゼル法（特定有害廃棄物等の輸出入等の規制）
その他	・環境基本法 ・工場立地法 ・省エネ法 ・建築物省エネ法	・環境アセスメント法 ・循環型社会形成推進基本法

図表 4-9　主な建築現場に関する環境関連法

次に、自主的に社会的責任を果たそうとするＣＳＲ※への取組みがある。ＳＤＧｓ※や脱炭素等の活動と目標に向けて、自ら地球環境保全を推進することが求められる。建築現場は社会的事業であり、活動成果の積み重ねが大きな環境保全効果を生む。

※ ＣＳＲ：Corporate Social Responsibility（企業の社会的責任）の略称
企業が倫理的観点から事業活動を通じて、自主的に社会に貢献する責任のことである。

※ ＳＤＧｓ：Sustainable Development Goals の略称
２０１５年９月の国連サミットにて加盟国全会一致で採択された「持続可能な開発のための２０３０アジェンダ」に記載され、持続可能で、より良い世界を２０３０年までに目指す国際目標である。

建築現場における環境保全活動の事例として「３Ｒ活動」を紹介する。３Ｒとは、Reduce（排出抑制）、Reuse（再利用）、Recycle（再資源化）を指す。３Ｒに加えてRefuse（発生回避）を加えて「４Ｒ活動」と言う場合もある。

例えば、定尺物（標準寸法の既製品）を搬入し、必要寸法に加工すると、残材が発生する。コンクリート打設では必ず残コンが発生する。解体作業をすれば、コンクリートガラや鉄筋端材、材料の切れ端、電気配線などが大量に発生する。これらは建設副産物と呼ばれる。しかし、「分ければ資源、混ぜればゴミ」である。建設副産物のままなら「廃棄物」、分けて原材料となれば「再生資源」、何らかの処理を行い原材料になれば「リサイクル材」となる。廃棄物を減量・減容する、副産物を再利用・再資源化する、そうすることで環境保全に貢献することができる。具体的には、ボードや下地材を工場や加工場でプレカットして搬入する。現地で発生した端材は分別収集を徹底し、有価物としてリサイクルする。プラスターボードも製造業者により回収され、リサイクルされており、他の建材にも実用化されることを期待する。

一方で、多くの残材は複合材であるため、現地での分別が難しい。例えば、鉄パイプに樹脂コーティングされているものがある。これらは廃棄物にせざるを得ない現状であるが、今後の解決すべき課題である。

こんなことがありました

私は、かつて清掃工場の建設に携わったことがある。その時のコンセプトは、「ゴミを焼却する清掃工場が、自らゴミを出しては本末転倒、ゴミゼロ運動を徹底する」であった。そこで、竣工までの産業廃棄物発生量を延床面積当たり3kg/㎡以下とする目標を掲げ、様々な活動をした。

- 場内に分別ヤードを設置し、だれでも分かりやすいように「このゴミはこちら!」と廃棄物のシンボルマークとサンプルを掲示し分別の流れをつくった。また、ゴミ収集の袋も可燃物、不燃物、複合物と3種類の色分けした袋を特注して意識付けを行った。
- 仕上げ作業では、部屋ごとに展開図を作成し、軽鉄下地は事前に工場で最もロスの少ないサイズに実寸プレカットして現場に搬入し、プラスターボードは3×6版と2×8版※の組合せでロス材を最小限度にした。またロス材は、30㎝角以上のプラスターボードを遮音効果を向上させるために内壁の中に糊付けし、タッカーで埋め込んだ。これは、事前に建築主と設計監理者の承認済での対策である。
- 型枠材などはリサイクルし、粉砕後はパーティクルボードとして製品化した。
- 仮設給排水の塩ビ管はすべてやめ、鉄管を使用して最終的には鉄のスクラップとしてリサイクルした。

こうした努力が実り、1993(平成5)年には、リサイクル功労者として建設大臣賞を受賞するに至った。

※3×6版と2×8版:平板建材の基準大きさの尺法の呼び方。910mm×1820mm、606mm×2420mmのもの以上。

いくつかの事例を示したが、スクラップ&ビルドでは、地球環境に廃棄物をまき散らす可能性が高すぎる。地球環境保全を指向した建設とは何かを追求し、サスティナブル(持続可能性)という課題解決に業界を挙げて取り組まなければならない。

Man 労務管理　技能労働者・モラル・モラール・モチベーションをマネジメント

QCDSEMの「M」には様々な意味が込められている。技能労働者（Man人）、モラル（Moral 道徳）、モラール（Morale 士気）、モチベーション（Motivation やる気）、マネジメント（Management 運営）である。ここでは、技能労働者（Man）の施工体制の管理に関してのみ述べる。

建設業は、専門工事会社の重層下請体制のもとに進められている。1次、2次、3次など、「重層下請」と言うと悪いイメージを持つ方も多いと思うが、専門工事会社から見れば、複数の元請と仕事ができ、技能労働者や所有重機などの稼働率も確保できる。元請にとっては、経年変化する需給のバランスをとる合理性やメリットがあり、必然性のある体制とも言える。

一方、この体制には「施工責任の不明確さ」「一括下請などのリスク」「技能労働者の永年の実績が処遇向上に反映されない」などの悪い面が指摘されてきた歴史がある。

現在では、建設業法の改正により、様々なリスク防止や、技能労働者の就労履歴を記録し評価できるキャリアアップシステム「CCUS※」の運用なども整備されてきている。

この法律の趣旨を尊重した適正な体制を維持する施工管理体制のマネジメントが必要なのである。

※ CCUS：Construction Career Up System の略称
技能者が、技能・経験に応じて適切に処遇される建設業を目指して、技能者の資格や現場での就業履歴等を登録・蓄積し、能力評価につなげる仕組み

危機管理　最大の問題解決策は予防

危機管理には、建築現場における危機への対応と、その事象から派生する危機の、組織への影響を最小限

にする連携対応と、会社組織にとっての危機の再発防止策を構築する活動がある。

一つ目の、建築現場における危機とは何か。代表的なものには、台風、地震など自然起因の災害がある。労働災害、第三者災害、公衆災害など敷地周辺に支障を与える人的災害もある。査察や指導、捜査や摘発、マスコミ取材、反社会的な言い掛かりなども、ある意味、危機の一種である。当方起因のものから他者起因、偶発的なものまで、発生確率は低いが、発生した時の被害が大きいのがこの危機である。

二つ目の事象から派生する危機とは、現場の物損的な事故などの影響で、会社組織の信用失墜に拡大することである。会社組織内の情報共有を速やかに行い、支援部門も含めての俊敏で的確な対応をする必要がある。

三つ目の、会社組織にとっての危機とは、投資失敗、法違反告発、大型赤字決算など、経営や現場活動の維持や継続を揺るがす大きな事象である。一度発生した事故や不具合、更にそのインシデントは再発の可能性がある危機である。再発防止策を定常の標準化に反映させることが有効な危機管理となる。

いずれにしても危機は、まさに今、この瞬間に起こる可能性があるので、危機管理は管理者層・担当者にかかわらず関係者全員が、ある意味、安全管理などの定常的管理業務よりも先に習得するべき対象である。ちなみに、このように考えると、品質や安全管理の中で、基準と現地の差が許容範囲を外れている場合は、危機というより想定内のバラツキ事象であり、定常的管理業務における是正活動の一部なのである。

以下に滅多に起こらないが致命的となるリスクに対する危機管理フローを示す（図表4－10）。

- 予防と準備　緊急連絡網の見える化、応急対応物資の準備、対応マニュアル整備、役割担当の整備、組織内周知
- 発生時初動　状況把握、情報共有体制の立上げ、被害有無の現況確認、支援体制

・応急・復旧対応　迅速な応急処置で拡大防止、復旧作業と通常作業を並行
・予防策立案・定常時移行　復旧支援体制の解除、反省に基づく予防策展開、日常業務回帰

危機が発生した場合は「時間との勝負」である。特に時間に伴って拡大していく事象は応急処置で拡大を抑えられるか、避難するかのギリギリの判断が求められる。応急処置をするにも、情報を組織に迅速に伝えて総力で対処する緊急連絡体制が重要である。

また建築現場は多くのステークホルダーがかかわっているので、担当者レベルでは思いも寄らないところや人に影響が及ぶことがある。したがって、ステークホルダーへの迅速な情報提供にも十分配慮しなければならない。事象の重大さによっては、企業トップの社会に対する迅速な説明責任が求められる。

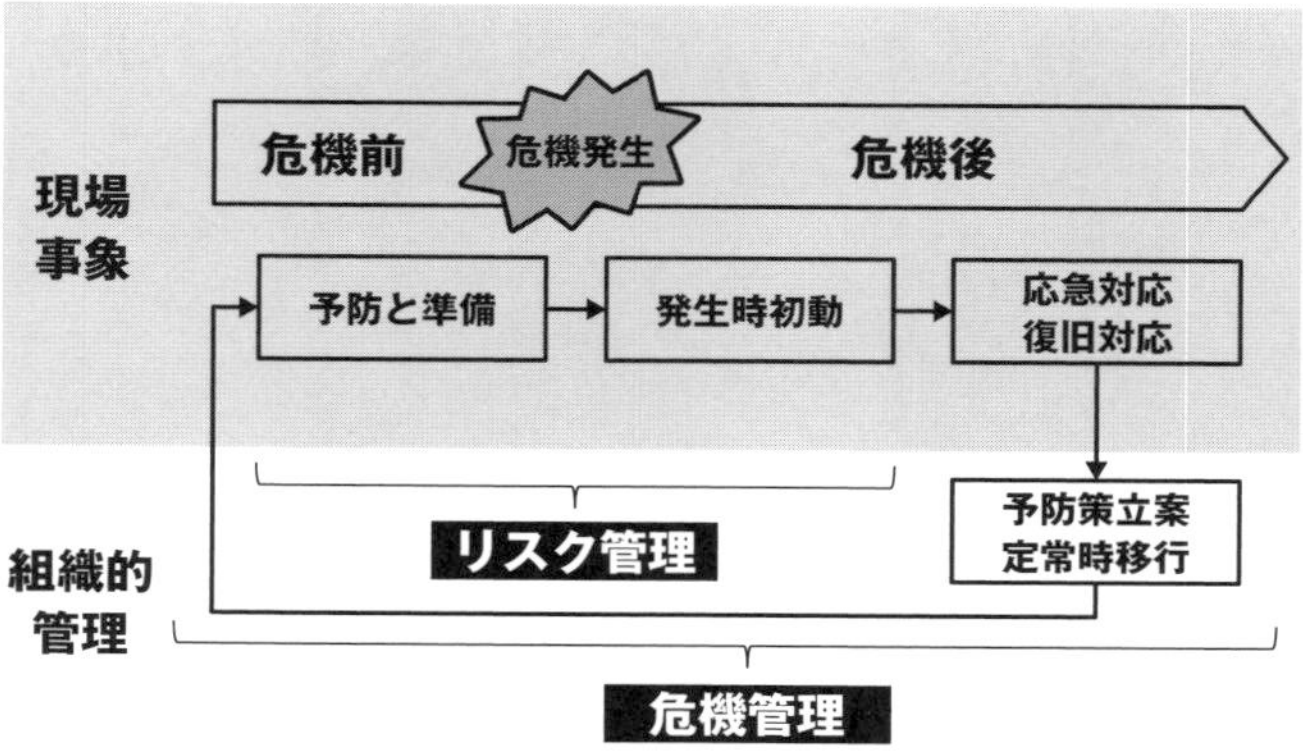

図表 4-10　危機管理フロー

こんなことがありました

それは、ある施設現場での経験である。足場上に電流の入ったバイブレーターがとぐろを巻いて置きっぱなしになっていたため、ボヤを出したのである。あやうく火災になる状態であったが速やかに消火し、処理後にすぐ建築主に報告

した。その時、いかに早く建築主に報告するかが重要な課題であった。たとえ事故であれ、早急な報告は建築主も早期に対応できるため、誠実で俊敏な取組みと認めていただいた。その出来事以降、本社在籍時に安全に関する事故や品質問題に関して、現場からの報告を即時即刻、対応するように「時間ルール」を策定した。現場から支店へ、支店から本社へ、「30分・3時間・3日」を厳守する。ことが起きたら30分以内に速報、3時間以内に詳細報告、3日以内に進捗や処置計画などの報告書を提出。これにより重大な問題は、即、トップ判断のもとで対応が可能となった。これは会社組織として、いち早く対応するためなのである。

どの組織にも危機管理マニュアルがある。しかし、実際に危機が発生した時にはマニュアル通りにはいかないことが多い。役割分担していても、すぐには体制がとれない、連絡もつかない。三々五々に集まったメンバーで初動をこなす場面となる。関係者全員が日ごろの当事者意識と臨機応変によりフォローし合えることができる知恵や能力、チームワークが問われる。

危機には、50年に一度あるかないかの大震災など、発生確率が低い事象もある。30年程度の世代交代期間では発生せず、対応の実体験ができないものが多々ある。滅多に起こらないから「危機」なので、経験がないのは当然である。重大な事故に発展する可能性を持つ出来事のことを「インシデント」と言うが、未経験の事故であっても発生した際の被害を最小限にするための整備や能力習得をするためには、インシデント管理に基づいた「ヒヤリハットを活かす活動」と「シミュレーション訓練」が必要となる。

建築現場では、身近なところでは火災訓練、AED訓練などを行事化することが有効である。

2 ハードおよびソフトマネジメント力を駆使する現場

業務遂行場面では、それぞれの現場に必要なハードマネジメント力とソフトマネジメント力を組み合わせ、適切な発揮配分によって相乗効果を発揮させなければならない。その対象現場ごとに構成能力の組合せや発揮配分を示すため、私が試行的に中堅所長を想定し、必要なマネジメント力をレーダーチャートで示した（図表4－11－a～c）。マネジメント力を発揮する対象となる現場として、「セルフマネジメント」「日常的な施工管理」「組織マネジメント」「もの決めマネジメント」「人材育成マネジメント」「渉外・交渉マネジメント」「プロジェクトマネジメント」の七つについて考えてみた。

これらのマネジメント現場では、1章や3章で示した「資質・思考傾向」「知識、技術」「技能・身体能力」「ゴール設定力」「戦略・戦術策定力」「課題解決力」「論理的思考力」「情報力」「リーダーシップ」「育成力・評価力」「コミュニケーション力」「人的ネットワーク」「人間的魅力」といった13の能力を場面ごとに異なる発揮ウェイトで駆使する。中でも多くの現場で共通して必要なものは「資質・思考傾向」「知識・技術」「課題解決力」「コミュニケーション力」の四つである（図表4－12）。

したがって、効率良く短期間に現場対応力を強くしたいと願うならば、まずは、その四つを重点的に鍛錬すると効果的である。

❶セルフマネジメントに必要な力

自分自身の心理や行動を制御しようとすると、本人の価値観や考え方、性格による思考傾向のウェイトが極めて高く、やりたいことやビジョンを持つゴール設定力で方向性を設定し、課題解決力でゴールに向かう際の支障を乗り越える行動となる。

❷定常的な工事管理に必要な力

日々の工事管理サイクルにおいては、担当する実務を遂行するための知識・技術などのハードマネジメント力を駆使する能力が求められ、そのウェイトも高い。

❸組織マネジメントに必要な力

多くの関係者を動かす組織活動においては、思考傾向、ゴール設定力、リーダーシップ、コミュニケーション力など、多種多様な能力が求められる。

❹もの決めマネジメントに必要な力

ものを決めていく過程では、関連知識に加え、複数事項の整合性や利害の異なるステークホルダーの合意を形成していくことになるので、課題解決力のウェイトが高い。

❺人材育成マネジメントに必要な力

人材育成の場では、ハードマネジメント力に加え、納得させる論理的思考力と、寄り添って指導する育成力・評価力などのウェイトが高くなる。

❻渉外・交渉マネジメントに必要な力

異なる考えと利害関係を持つ他人である相手とのやりとりによって合意をしていく場では、戦略・戦術策

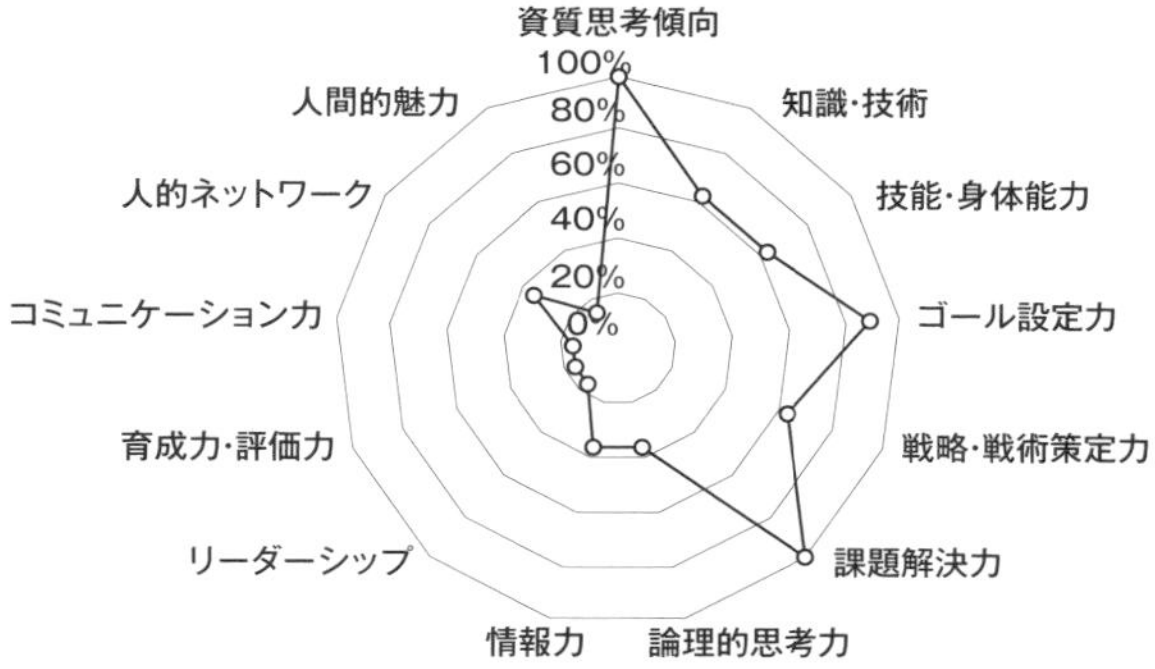

セルフマネジメントに必要な力（能力レベル×発揮度）

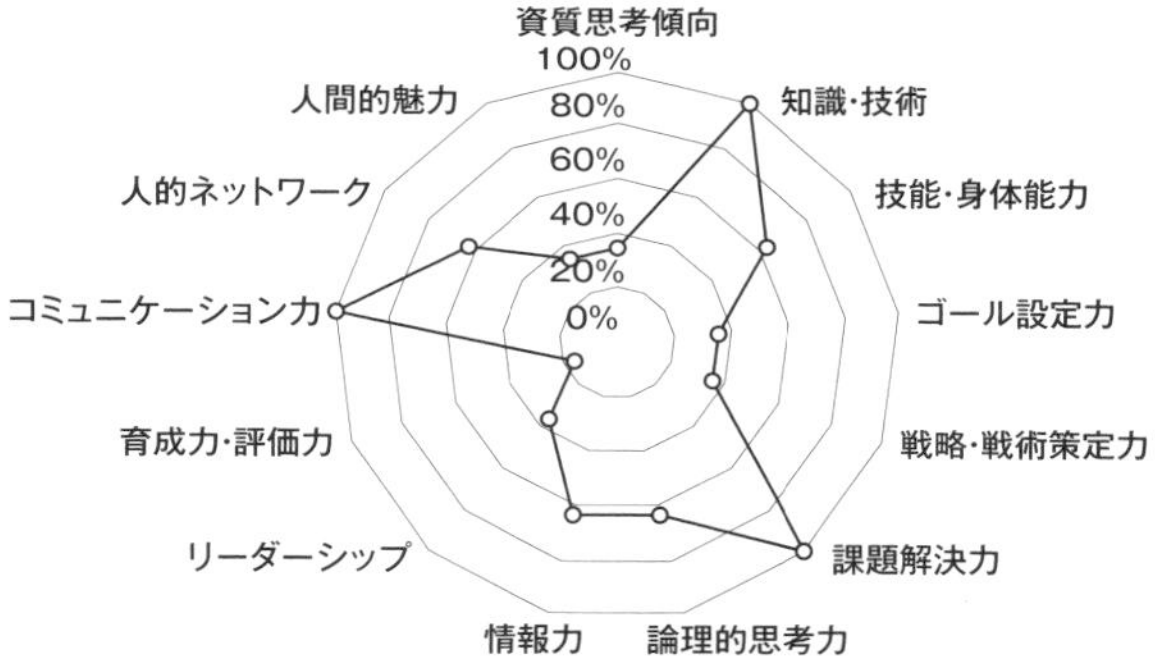

定常管理サイクルに必要な力（能力レベル×発揮度）

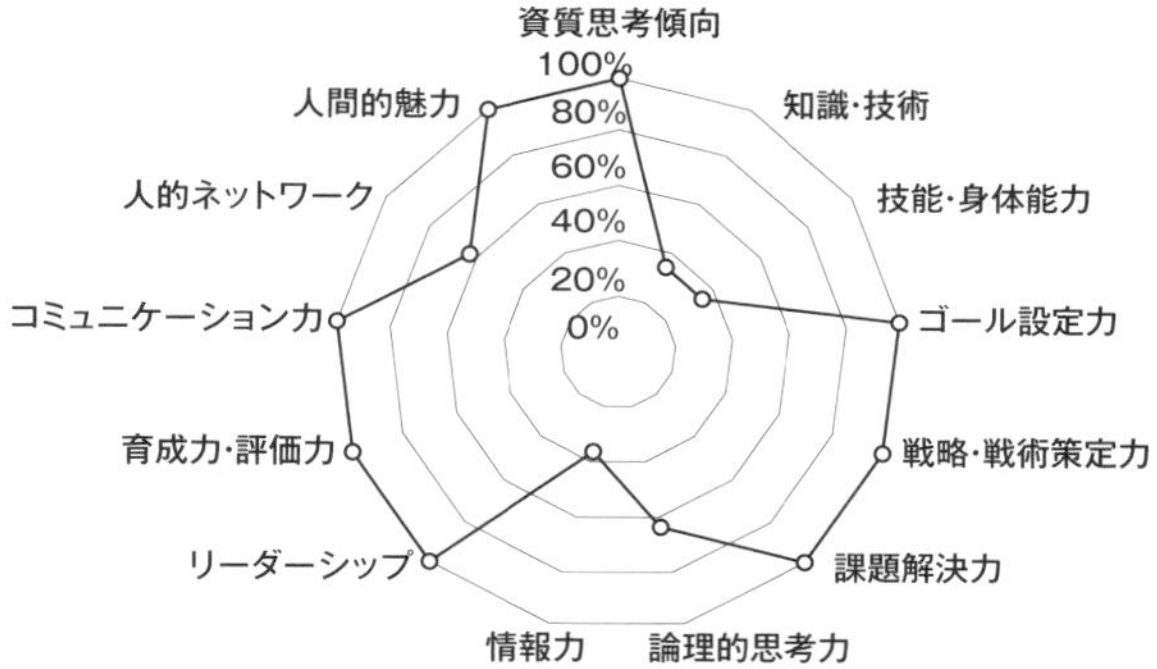

組織マネジメントに必要な力（能力レベル×発揮度）

図表 4-11-a　現場マネジメントに必要な能力のレーダーチャート

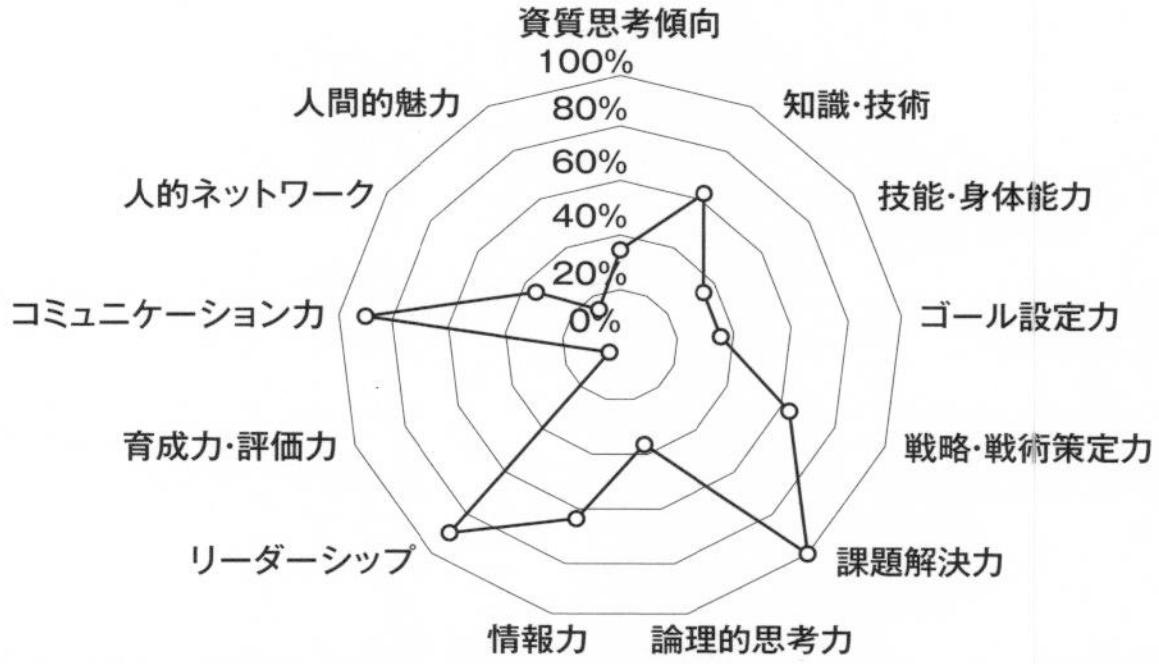

もの決めマネジメントに必要な力（能力レベル×発揮度）

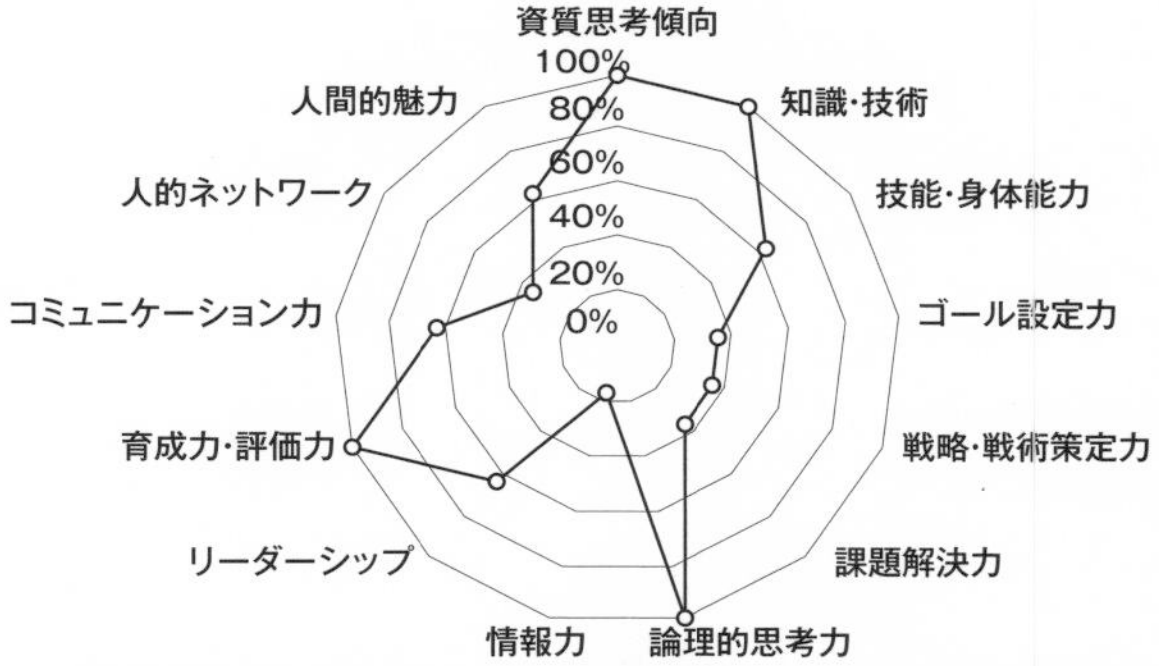

人材育成マネジメントに必要な力（能力レベル×発揮度）

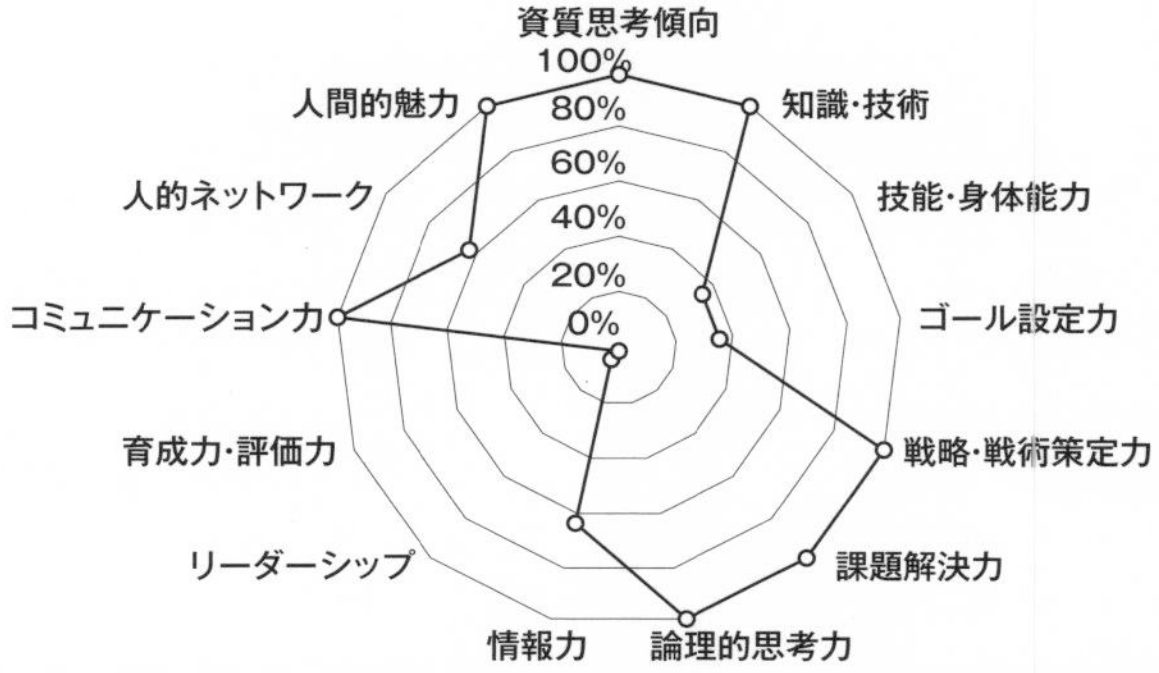

渉外·交渉マネジメントに必要な力（能力レベル×発揮度）

図表 4-11-b　現場マネジメントに必要な能力のレーダーチャート

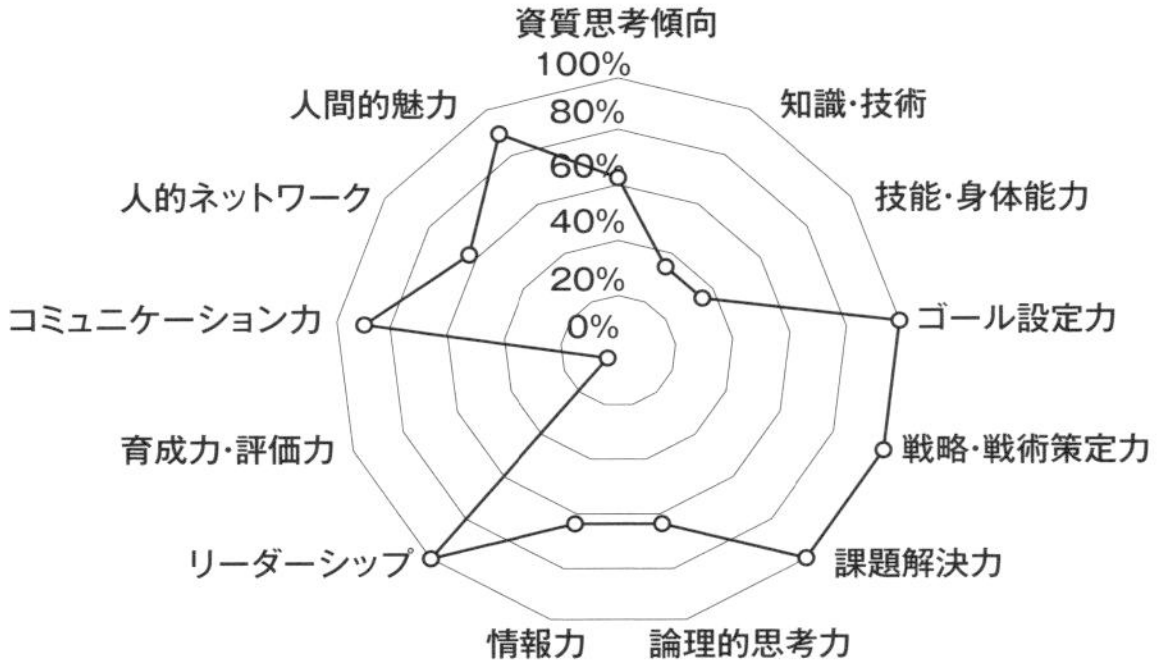

プロジェクトマネジメントに必要な力（能力レベル×発揮度）

図表 4-11-c　現場マネジメントに必要な能力のレーダーチャート

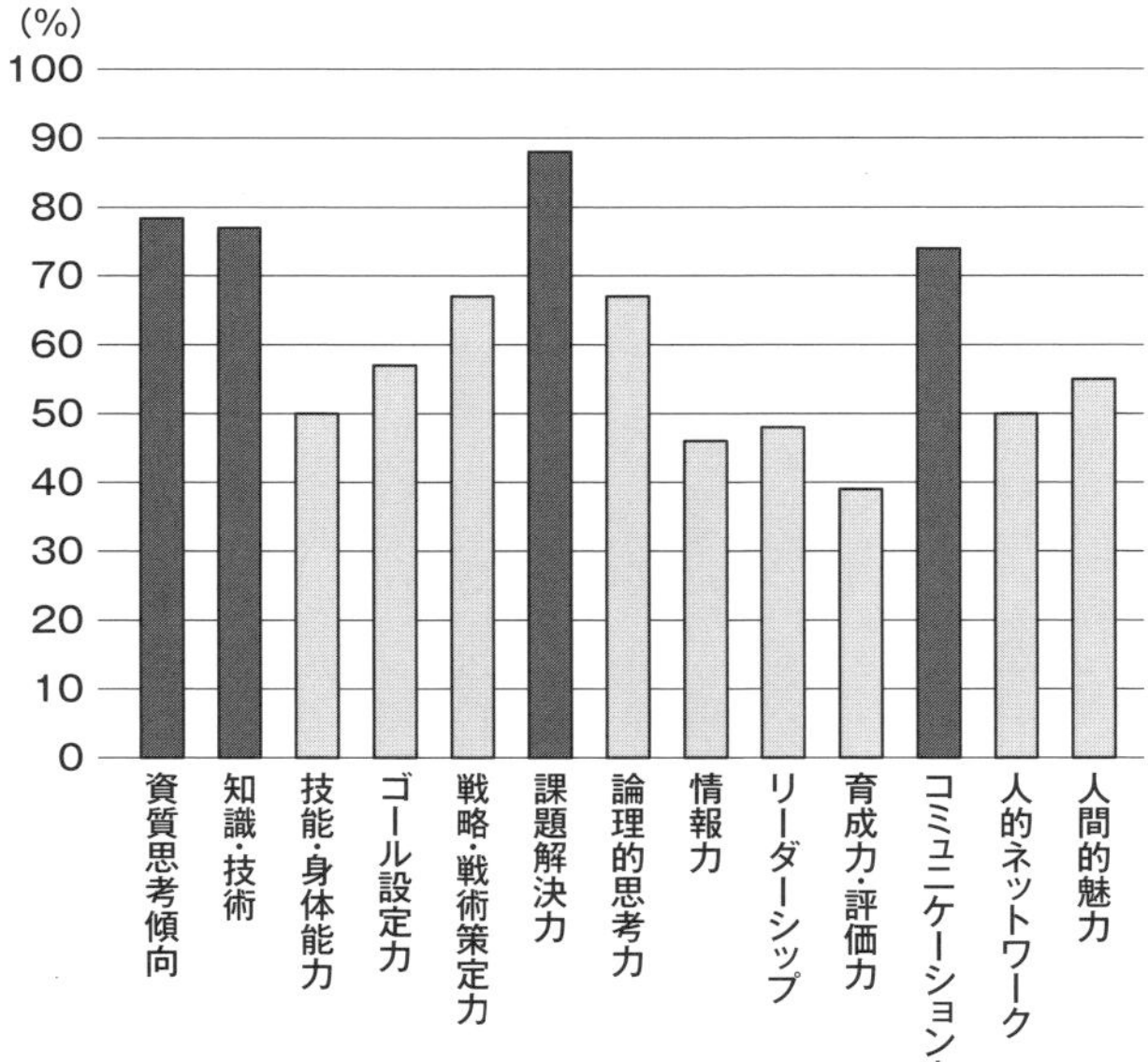

図表 4-12　建築現場で必要とされるマネジメント力の要素

定力、課題解決力、論理的思考力、そして相手とのコミュニケーション力に加え、なかなか理屈では表せない人間的魅力が働く。

❼プロジェクトマネジメントに必要な力

一つのプロジェクトの目的を達成するためには、ヒト・モノ・コトのすべてを動かすために、あらゆる力を駆使する必要があり、特にゴール設定力、戦略・戦術策定力、論理的思考力を持って、コミュニケーション力、リーダーシップ、人間的魅力で多くの関係者を動かす場面が多い。

これら七つのマネジメントに必要な力について、以下に詳しく述べる。

M セルフマネジメント　自分自身の行動と心を制御する

自分の「時間（行動）、心理（感情・欲求・理性）」をマネジメントする「セルフマネジメント」、これは施工マネジメントだけでなく生活基盤にもかかわる。そのため、ある意味、体系化するのは最も難しいと言える。だれもが平等に与えられている1日24時間をどう使うか、何に多くの時間を費やすか、それはその人の働き方や生き方・価値観の表れと言っても過言ではない。

自分のタイムマネジメント

「タイムマネジメント」という言葉がある。時間は誰にも平等かつ不変なものであるから、やりくりできるのは自分の行動である。よって、タイムマネジメントは、「行動マネジメント」と言い換えることができる。

一生の時間を考えてみる（図表4－13）。睡眠7時間／日とすると活動時間は17時間／日。人生、70歳まで働くとしよう。子供時代から成人するまでの学習期間を20年とすると、就職から定年までに使える時間は17×365×（70－20）＝31万250時間である。

　これは、本書の3章「3課題解決力」で説明した手順と類似しており、自分の「時間の使い方や行動」を、いかに課題としてとらえ、解決するかということである。

　以上に基づき、施工現場ならではのコツや心得のいくつかを紹介する。

優先順位を付けるための判断基準を持つ

　竣工するまでの限りある工期の中で、タイムリーかつ効率的に遂行していかなければならないことは多種多様、膨大にある。

ステップ1　やるべきことの候補をすべて洗い出すことから始める

　この段階では必要なことを漏らさないことが重要である。

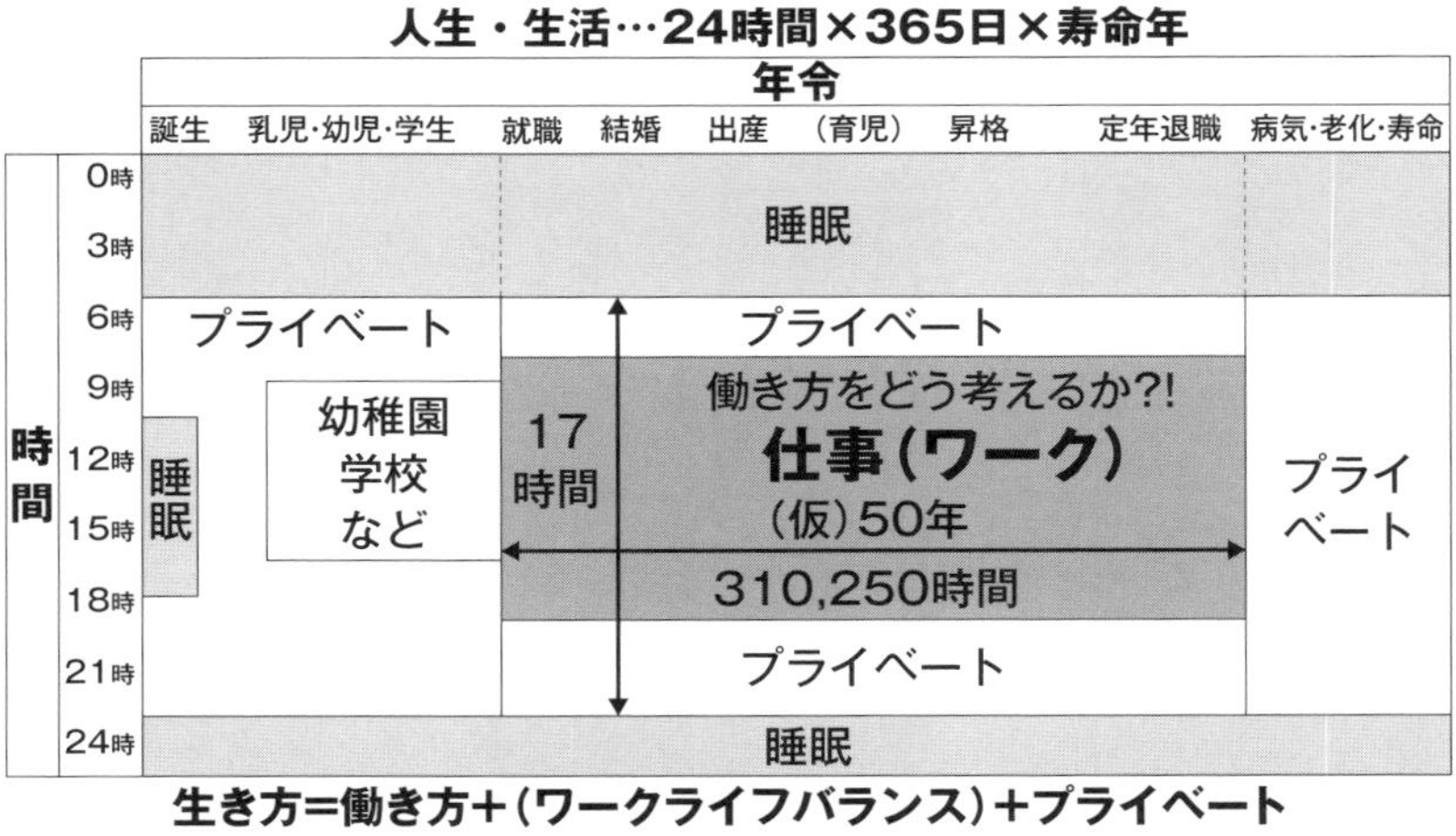

図表4-13　一生に使える時間

ステップ2　「やるべきこと」のあらゆる可能性を吟味して、優先順位を定める

「やるべきこと」と「やらないこと」をしっかり選別するのである。すべきこと、やりたいことは膨大にある中で、目的達成のための緊急性や重要性を評価し、厳選して集中しなければ時間がいくらあっても足りない。

そして、優先順位を設定するためには「判断基準」が必要である。法や礼儀・マナー、会社方針やルール、技術的な判定基準、自分の生き方の価値観などが該当するであろう。しかし、自分自身が具体的にそれが何であるかを知らない、認識していない場面も多々ある。判断基準が複数ある場合には、どちらを優先するかあいまいな場面もある。経験と知識を総動員し、あるいは人に聴くなどして、自分なりの判断基準を定めないと優先順位を付けることはできない。

プライベートでも仕事でも迷っていると無行動な時間が長くなる。迷いが9割、実行が1割ともなれば、「時間生産性：タイムパフォーマンス（タイパ）は極めて低い」となる。

ステップ3　必要最小から付加価値最大までを検討し、目標値を定める

行動した結果の程度は、目的に対して及第点ギリギリから、最高の満点にプラスアルファーを付加したレベルまである。上を目指したいのは世の常であるが、限られた時間、マンパワーや予算などの前提条件は避けられないので、適正な目標レベルを設定しなければならない。

ステップ4　「やるべきこと」の質と量を計り、掛ける時間を適正配分する計画を立てる

設定した目標に向かうためにやるべき過程は、それぞれ難易度が異なり、掛かる時間にも差がある。それそれやるべきことを完了させる時間を計画すると、それに向かって行動する動機付けができる。

ステップ5　実行結果を振り返って、次回に活かす

覚悟する習慣

リスクのない行動はない。どんなに優れた施工計画でもゼロリスクはない。このリスクを含めて、ある意味、覚悟しなければ行動には移せない。

「覚悟する」とは「選択に伴うリスクから逃げることを諦める」ということである。リスクに対する不安に対し勇気を持って「前へ進め！」という姿勢である。プロジェクトマネジメント用語では、「フェーズが移行する瞬間（局面）」と言う。精神論ではあるが、覚悟する際には自分の弱い心を鼓舞する「自己暗示フレーズ」を持つことが素朴なコツかもしれない。そのような勇気付けフレーズを紹介する。

- 必ず、できる、自分を信じるのみ
- やらなかった後悔は、やって失敗した後悔よりはるかに大きい
- 見返りを求めない貢献をする
- 自分を自分以上に見せる必要はない
- 見ていてくれる人は必ずいる

大きなリスクを前に決断する場面は辛いかもしれない。しかし、それに耐えて慣れてくると習慣化することができてくる。これが実は自分が成長し、タフになっているプロセスなのである。

若いころ、所長に「管理職と平社員の違いは何か」、それは「管理職は常にリスクテーキングが求められる。それができるかどうかである」と言われた。確かにその立場になれば納得できるものである。

「タイムマネジメント」を厳密に考えないで過ごしている人たちが多いと思う。しかし、真剣に時間の使い方を最適化する「タイムマネジメント」への意識付けが、いかに時間の有効な使い方に直結し、仕事の顕著な成果につながるか、その気付きは大きい。

スケジュール帳の活用

時間と行動をマネジメントするには、自分自身への見える化が必要である。スケジュール帳のうまい活用法がある。

- やると決めたことを「いつからいつまでに何時間でやるか」を記入する
- 関係者との会議タイムや個人業務の集中タイムを明確に定める
- すきま時間を明確にし、ニッチ業務を集約する
- 他にやらなければならないことの順番や連動性などをメモし、優先順位を守る

業務を定期的に振り返り、終業まで予定通り終わったか、遅れたかなどを書き込み、自己分析や反省に役

立てる。それは、自分の行動の達成感や反省となり、明日への動機付けとなるのである。やることの必須レベルや公私の区別などを色分けすると、更に分かりやすく楽しい活用ができる。このようなスケジュール帳活用を習慣化することから始めることをおすすめしたい。

心理のマネジメント

建築現場では、何かを決断する際に「感情・欲求・思考」に基づいて総合判断していると1章「7　成長と発揮」にて説明した（図表4－14）。

自分の心理をコントロールして安定させることは口で言うほど簡単ではない。これは生活や人生においても大きなテーマの一つである。歴史的には、多種多様な宗教や思想をはじめ、数多くの提唱がなされ、多くの人たちが心の拠り所としてきた。感情は、敏感であり、弱い面もある。欲求は、時として理性では抑えきれないほど強い。他人から非難されることや嫌な噂を聞かされただけで心は揺れ動く。反対にちょっと良いことを聞いただけで上機嫌になり、ものごとへの取組みが実に意気軒昂になる。

こうした理性的な思考と揺れ動く欲求・感情の中で、自分はどのように決断し、行動しているのか、心理と行動関係の簡略モデルから探ってみた。

欲求については「マズローの欲求段階」（図表4－14）というものがある。そこには、生理的欲求・安全への欲求・社会的欲求・承認されたい欲求・自己実現への欲求があり、更には何かに貢献したい欲求が唱えられており、人間が本能的に持っているものと言える。

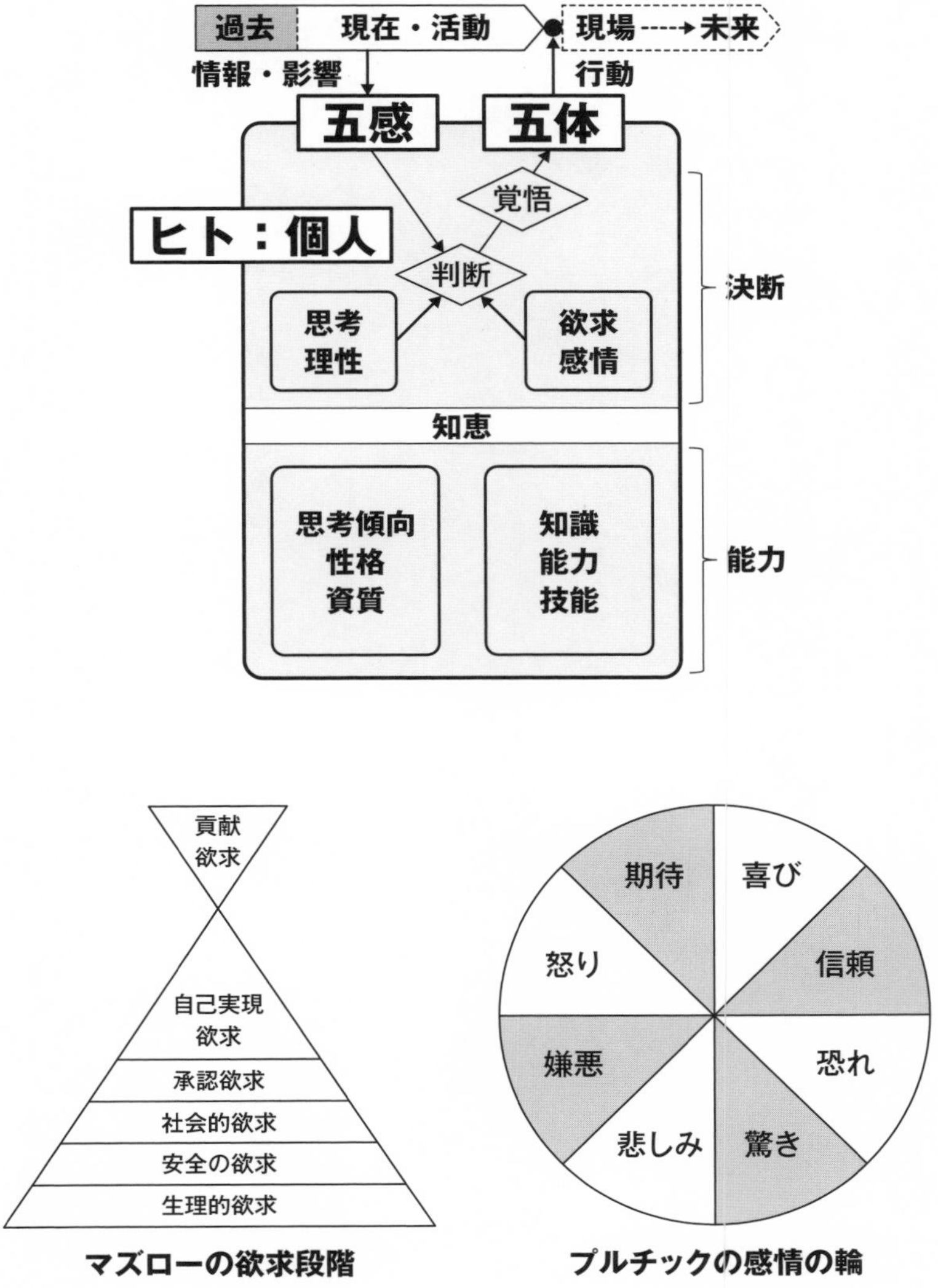

図表 4-14　心理の簡略モデル

感情については、「プルチックの感情の輪」が参考となる。期待・喜び・信頼などの快適側にある感情から、悲しみ・嫌悪・怒りなどの苦痛側にある感情までが整理されている。

では、建築現場において、平常心を保ち、できるだけ楽しい気持ちでいるにはどうしたらいいのだろうか。だれもが子供のころから、心が揺れ動く体験をしてきており、多少は対応術を身に付けているものである。かく言う私自身も、常に試行錯誤し、時には勉強しながら欲求や感情をコントロールしてきた。そこに確立された術がある訳ではないが、つたない経験から、私が日ごろ、心掛けていることを紹介する。

自己肯定感を持つ

人は、「承認欲求の達成感」により自己を肯定する。自己肯定感を得ようとする言動は、他人には性格や人格の印象として伝わっていく。その言動のタイプを分けるとするならば、「マウント型」「他人依存型」「自己完結型」の三つがあると感じている。

マウント型は、他人と比べて自分の方が上である優越感を実感する機会をつくるタイプである。身近な例では会合の際に一番上席に座るなどがあるし、時代をさかのぼると戦国時代では地位や権力を見せ付けるために上洛させるなどの上意下達の事例もあった。

他人依存型は、他人の評価によって自己の存在を再確認するタイプである。他人から褒めてもらうことで自己の存在を実感するタイプである。これが過剰になると他人からの評価がなければストレスに耐えられないので誘導する言動をとることもある。

自己完結型は、自分の価値基準を持ち、動機付けも自分自身で行いながら自己肯定のレベルを確認するタイプである。場合によっては「井の中の蛙」になるので注意が必要であるが、施工マネジメントをするリーダーとしては、「自己完結型」が最も適していると考える。自己完結型を目指す場合には、過度にストイックにならないこと、自分を追いつめないことが肝心である。

やりたいことを持つ

自分は何をしたいか、するべきかを明確に持ち、自覚することが自分の心理をマネジメントする一番のコツである。何となく願望はあるが自己認識があいまいな人は、「自分は何をしたいのか？」を自問自答する習慣を身に付けることで気持ちをスッキリさせることができる。やりたいことに心身ともに集中すれば達成確率も高くなる。達成感は動機付けにつながり、自己のスパイラルアップに大いに役立つ。まずは「やりたいことを持とう」とアドバイスしたい。

例えば工事担当として技能労働者に作業指示する場合に、「上司が言っているから、とにかくやって」ではなく、自分自身で「何を？　いつまでに？　どのように？　どの程度？」などを整理して自分のやりたいこととして再構築し伝えられなければ、聞き返されても、しどろもどろになってしまう。

ストレスと共存する

ストレスは少なければ少ないほど良いというものではない。自己制御不能なパニックゾーンは別として、適度なストレスや緊張状態である「わくわく活き活きストレッチゾーン」は、自身の持つ能力を高める効果がある（図表4－15）。

社会から見られているストレスや会社からの目標割当てなどの大きなストレスもストレッチゾーンの一部としてとらえられるようになりたいものである。

怒りの感情管理

自分の感情を抑えきれない、強い不快な感情に「怒り」がある。その怒りを管理できることはセルフマネジメントの能力が高いということである。リーダーには、自分の怒りを制御することが求められる。ただの怒りにメンバーは付いてこない。

平常心を保つためには、「この世は理不尽で不条理なもの」と諦め、覚悟するのも一つの考え方である。そもそも建築現場には、不測の事態や不可避なことが必ず発生する。自分なりに真面目にやって「正義」に徹しても、結果が必ずしも報われるとは限らないのである。

ちなみに「不測」と「不可避」は、「想定外」とは違う。「不測」は偶発的であり「不可避」は避けられぬことだが、「想定外」はひとえに自分の想定にモレがあったということである。自分なりに「理不尽」をどう受け入れるか、その方法を知っていることは、セルフマネジメントにおける重要な構成要素である。

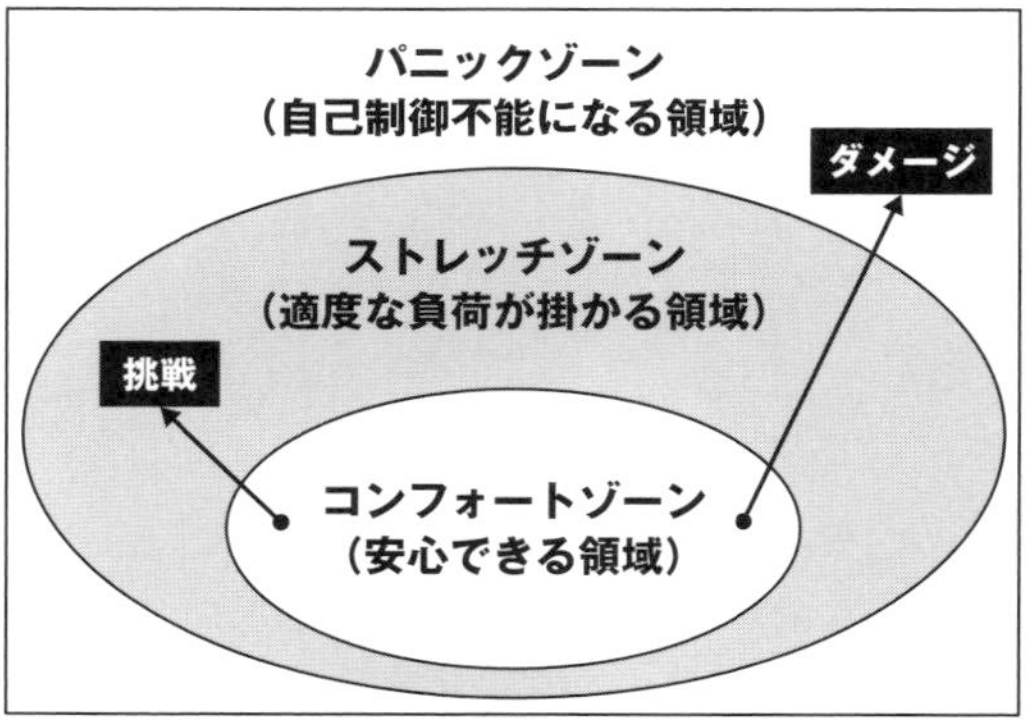

図表 4-15　ストレスのストレッチゾーン

定常的な工事管理

建築現場では、多岐にわたる業務をタイトなスケジュールの中で臨機応変に進めている。一品生産である建設事業は、各プロジェクト自体が非定常的ではあるが、どの建設プロジェクトにもある共通の業務があり、ここではそれを「工事管理サイクル」と呼ぶことにする。

この中の一つは「定常業務」であり、処理の仕方や判断基準の定まった、毎日・毎週・毎月のルーチン業務で、期限までに完了させる工事管理の基盤となっている。もう一つは「非定常業務」であり、現地現物でしかすり合せできない取付作業の立会いや、特異な場面のフォロー立会いがある。そして不定期な打合せやイベントなどの臨時業務、更には課題への取組みや突発的なトラブル対応などもある。

これらの混在する定常業務と非定常業務を同時進行させて進めているのが建築現場だと言える。それら業務を遂行する場所で分けると、現地・現物・現時における確認や品質検査などのフィールドワークと、事務所における資料作成や施工図作図などのデスクワークとがあり、双方を行ったり来たりしている。

また、業務時間の関係者数から言うと、自分で考えてアウトプットを作成する個人時間と朝礼や定時工程打合せ、建築主・設計事務所との定例会議、所内打合せなどの関係者が集まって行う会議時間がある。こうした関係性を、代表的な工事担当者の日常工事管理サイクルとして示した（図表４－16）。

定常的に業務量や処理能力が安定している場合はいいが、非定常業務への対応が過多になったり、メンバーの知識や能力が不足していて適切な判断や業務がなされない場合には、やり直し業務が生じて負のスパイラルに陥ることがある。そうならないためには、着実な定常サイクルをしっかりと持続することが極めて重要である。

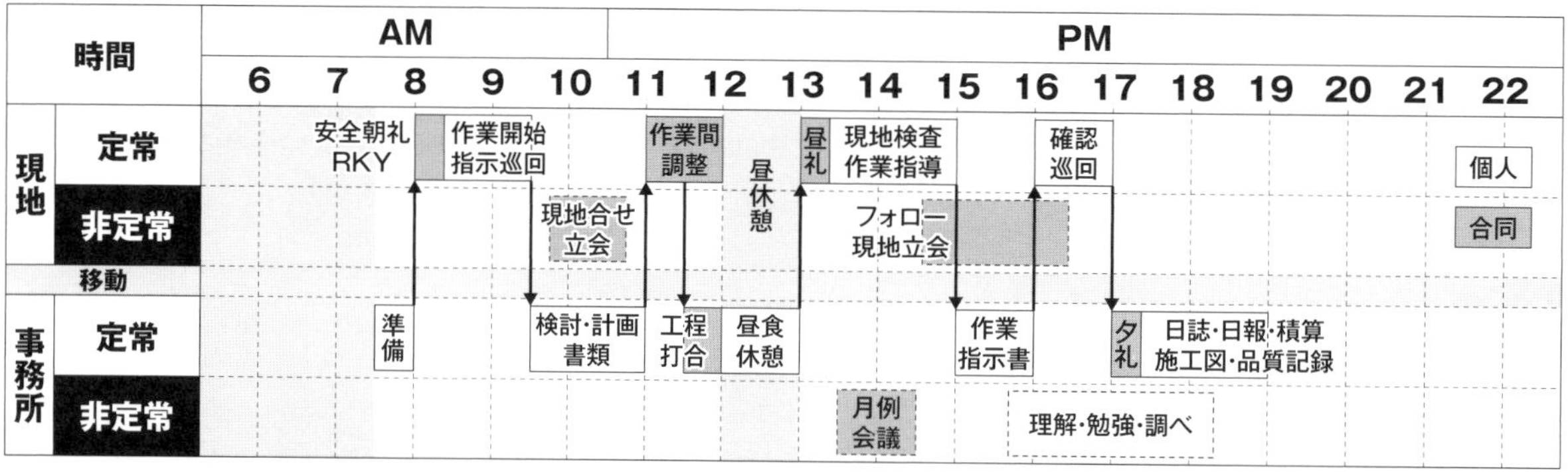

図表 4-16　現場員の日常サイクル例

● 日サイクル・現地

・朝、出勤し事務所と現場を開錠する
・事務所の照明やコピー機の電源を立ち上げる
・新規就労入場者がいればその教育を行う
・朝礼の準備を行い、朝礼を進行する
・朝礼完了後に担当する作業指示の確認と危険予知活動を指導する
・その後、現地作業の着手時の確認をするため管理巡回を行う
・出来形計測や現地検査、記録写真の撮影などがある場合は実施する
・昼食時間、休憩
・工程調整ミーティングまでに次の日の作業指示書や巡回時の是正指示書を準備

● 週間や月間サイクル

・玉掛け点検色の更新
・安全衛生協議会の開催
・月間工程表作成
・請求書の処理

● 日サイクル・事務所デスクワーク

・施工図や製作図の作図やチェック
・施工計画書や計画図の作成
・今後の着手する工事の事前打合せ
・内勤からの巡回の立会い
・各種会議やミーティングも参加する
・所内終礼で情報共有、報連相を行い明日以降に備える
・当日の安全日誌作成や出面記録である日報の整理
・片付け、施錠

● 工事進捗段階ごと

・着手段階において諸官庁への届出作成
・全体工期の総合工程表作成
・工事予算作成
・製品検査
・中間検査、竣工検査

● 随時

・見学会
・現地でのトラブルや台風予想
・研修などの外出

コツ1「凡事徹底」

定常業務を過不足なく、当たり前に遂行することは簡単ではない。「トラブルや不適合がなくて当たり前」とよく言われる。当たり前にやるべきことに対して、「〜を徹底する」というスローガンで啓発することがよくあるが、裏を返せば、それができていないのである。

古くから、「継続は力なり」「凡事徹底」「愚直たれ」「ABC運動（A 当たり前のことを、B ボンヤリせず、C ちゃんとする）」と言われる。定常業務がきちんとできることは、華々しくはないが、実はその成果は極めて大きい。ファインプレーが目立つチームよりも、ファインプレーはないが凡ミスもないチームがスポーツの世界では強いのと同じである。

定常業務を徹底し、「遂行率100％にする」追求を緩めてはならない。「少しくらいはいいや」は、建築現場では御法度である。建築現場には、毎朝、作業前KY（危険予知）ミーティング活動がある。マンネリ化すると緊張感や注意力が欠落するが、多くの災害はその隙をねらっているのである。

コツ2「基本の型の浸透」

定常業務では、「型」を知らなければ始まらない。「型」は先人の貴重なノウハウの蓄積である。型の中の「基準」は過去の失敗の再発防止策である。これを知らずして成功や改善はない。習い事は「型」から入る。はじめに身体が「型」を覚えて「嘘を嫌う身体」になる。それが基礎となって応用ができるようになり、高いパフォーマンスにつながる。「型」が基本の歌舞伎の世界において、故18代目中村勘三郎は「型があるから、型破りができる」という名言を遺した。

コツ3「だれが、いつ、何を」の口癖

建築現場では、少しでもモレがあったり、問題を先送りしたり、あいまいにしていると、必ず後々、不具合を生じる。そうならないためには、どんな仕事に対しても、「だれが、いつまでに、何をするのか」を明確に関係者が共有することが肝心である。

時には、明確にすることでわだかまりができたり、逃げたくなる場面もあるかもしれない。しかし、それを避けてはいけない。会話は常に「だれが？」「いつまでに？」「何を？」を合言葉とし、マネジメントレベルの高い組織を醸成していかなければならないのである。

組織マネジメント　統制と自主性でメンバーを動かし躍動させる

「仕組み」と「中身」と「やる気」

組織マネジメントとは、目標に向かって一人ひとりの役割を明確にし、併せて連携効果を発揮させることにより、付加価値を5～10倍以上にしていくマネジメントである。

それでは、企業が組織力を最大限にするために何を整備していかなくてはいけないか。経営資源である「ヒト・モノ・カネ」を動かす時に、組織は「仕組み」と「中身」と「やる気」を整えなければならない（図表4－17）。

稲盛和夫は著書の『働き方』（三笠書房、２００９）において、「人生の方程式とは、人生・仕事の結果＝考え方×熱意×能力」と語った。「仕組み」を考え方、「やる気」を熱意、「中身」を能力ととらえれば、相

通じるものがある。組織力の優劣が、成果を大きく左右するのである。次にその概要を示す。

仕組みの醸成

権限と指示系統の体制づくり

人がバラバラに活動していたのでは、1＋1は2にしかならない。役割を分担して連携を図り、組織効果を最大化するには、各メンバーが分担する範囲と作業する順番、優先順位を決める権限と指示系統を決めておかないとメンバーは混乱する。

協働するメンバーの接点となる会議体の運営方法も重要である。会議体の目的も、情報共有、方針決定、協議、アイデア出しなど様々であり、運営要領を策定するのも仕組みの整備の一環である。

建築現場では、所長、次席、担当者の立場の人がおり、建築、設備、施工図、安全、事務といった機能の役割がある。担当者が複数いる場合には、技能労働者がだれの作業指示に従えばよいかをはっきりさせる。それも指示なのか、推奨なのか、決定なのか、推測なのか、あいまいにしてはいけない。指示には、

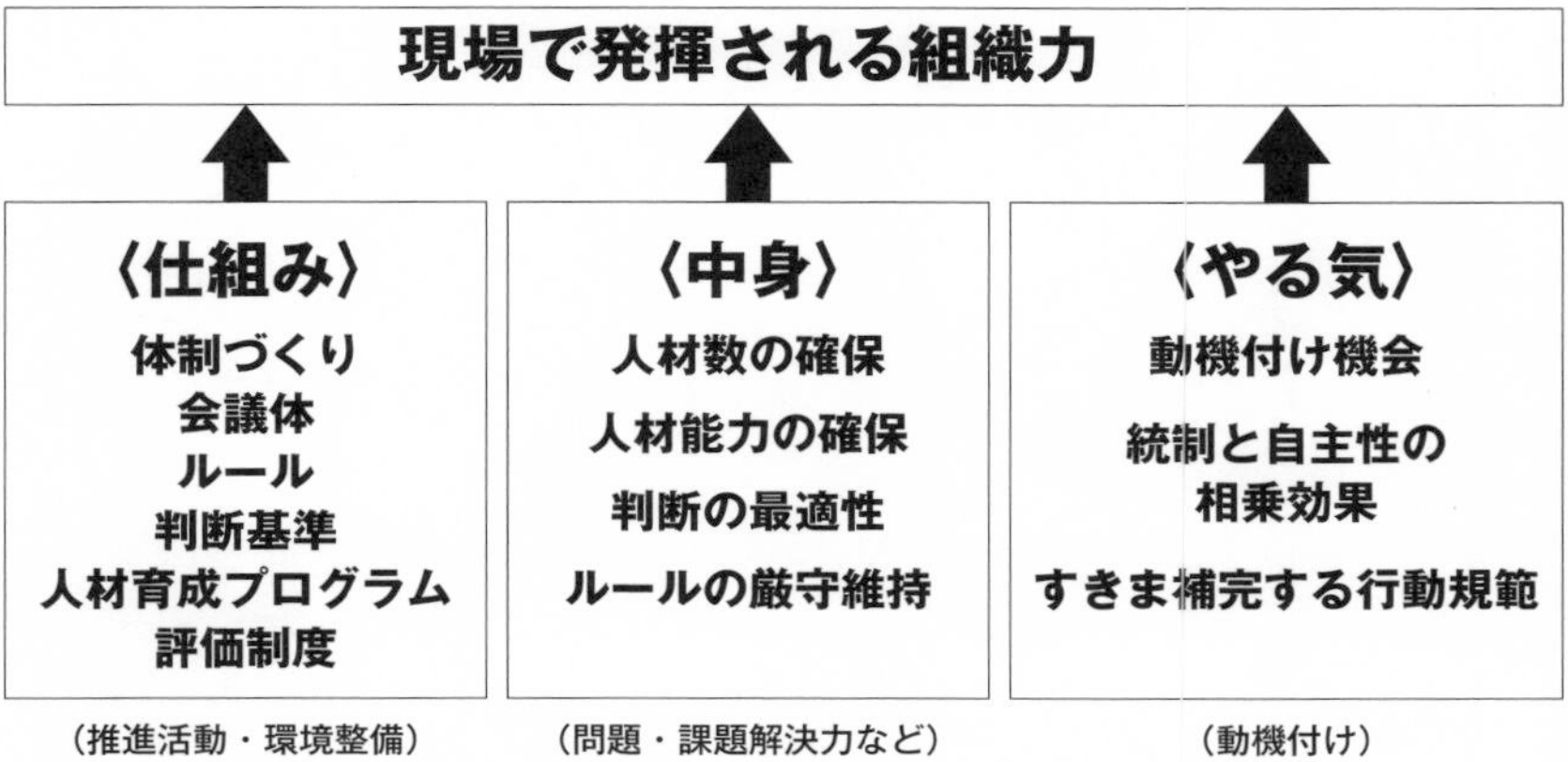

図表 4-17　組織が醸成すべき仕組みと中身とやる気

明快な指示系統がないと大きな手戻りを生じる可能性もある。だれも分担していないすきま業務があった場合には、だれも段取りしておらず中断が発生することもある。そのような時、気遣いできる人の負担がどんどん増えるようでは困った職場風土になってしまう。

ルール、詳細要領、判断基準、ツール

組織運営において、個人の属人的能力に過剰に依存するのは良い状態ではない。それではアウトプットにバラツキが生じ、持続的には成果が安定しない。意外に大きな組織になるほど、それが顕著となり不具合も大きくなる。

一方、個人は、UFO（油断・不注意・横着）に流されやすい。だからヒューマンエラーは不可避である。それを放置しておくと組織は徐々に機能しなくなり、成果も低下していく。

こうしたことを回避するためには、仕事の要領の標準形と許容範囲基準を示すルールや標準マニュアルの整備が必要で、組織に規律のフレームをつくる必要がある。

作業手順を効率的に実行するための「ツール」も整備が必要である。ツールには、機械的道具、フォーマット、システムのソフト、教育テキストなどがある。建築現場のフォーマットには、安全書類や品質記録のように比較的定型化しているものから、備品貸出台帳やチェック野帳のように、現場ごとに毎回作成するものまである。非定型なものでも良いフォーマットは、使える道具の「ツールフォーマット」として標準化していくことが、効率化につながり、ノウハウの蓄積となる。

人材育成プログラム、評価制度

人は実践によるＯＪＴと研修などのＯＦＦ－ＪＴによって能力開発される。ＯＪＴにおいては、どれだけ良いキャリアパスを経験させるか、その間にどのように情報提供を行い、豊富な体験や訓練をさせるかで成長レベルに大きな差異が生じる。無論、経験だけでも人は成長するが、効率的かつ最大限に伸ばすために、組織は「人材育成プログラム」と「評価制度」を整備する必要がある。そして一人残さず確実に成長させなければならないのである。

担当する業務は、ルールやマニュアルに従って遂行する。そこにはメンバー自身の能力向上意識と自己肯定感を醸成する必要がある。良いことは褒め、悪いことは叱る、それこそがその人を認めているということなのである。透明性、公平性ある評価制度が、やる気を醸成し、反省のきっかけにもなり、ひいては良い競争心が発揮される源泉となる。

評価制度は、組織の価値観を端的に表す。組織が行う評価は、給与や昇格、登用へとつながるので、組織としての価値観の浸透に大きな影響を及ぼす。身近な例では、建築現場における「作業所長表彰」というものがある。技能労働者にとっては大きな励みになり、所長方針や価値観を伝える絶好の機会なのである。安全表彰ばかりでなく、優れた品質向上活動に対する表彰を行えば、品質に対する作業所長の意気込みを感じ取ることができるのである。

中身の整備

人財の能力発揮

高い素養や意欲あるメンバーを集結させ、持てる能力を発揮させることが、力強い組織活動の源となる。人材は人財である。適材適所に人材配置し、役割を存分に発揮できる体制づくりを行うことが、組織力を強くする。無論、得意・不得意や好き・嫌いがある。未経験のことを、期待感を持って分担させることもある。こうしたことをふまえた人材配置や役割分担を行うには細心の配慮が必要なのである。

一つひとつの判断の最適性

個々の場面においては、判断や最終決断、実行の最適性や最善性が成果の分かれ目となる。複数の判断基準が相反し、総合的判断が必要な場合も日常茶飯事である。目先は損でも将来的な利得を見越して決断を迫られる場面もある。例えば、コストダウン、品質向上、工期短縮は相反することが多い。正解が唯一でない場合も多い。一つひとつの判断が目標達成度を左右し、致命的な手戻りやメンバーの進退にもつながる。

ルールの厳守維持

あいまいでルーズなルールの運用は、形骸化する。良いルールも社会環境の変動に追従しなくては悪法になる場合もある。基準に照らし合わせるとグレーな事案でも厳格なルールの実行が必要である。定期的なルールの見直しも持続しなければならない。

やる気の発揮

動機付け機会の創出

どんなに高い能力を有している人でも、やる気にならなければ能力をフルに発揮することはできない。逆にやる気になれば何倍も発揮する可能性がある。このやる気を起こさせる動機付け機会の創出が組織には求められる。目標の割付けや実績評価、小さな成功体験の蓄積や人との出逢い、尊敬する人や競合する人からの言葉、イベント参加やターニングポイントとなる機会の仕掛けも効果的である。

こんなことがありました

私がある大型現場に連続で配属になった際、歳が一つ違いの年上、年下の部下が2人いた。学びには習熟効果があるので同じ担当をさせた方が効率的である。しかし、メインの大空間屋根工事の主担当を、最初は年下の部下に任せ、次の現場では逆に年上の部下に任せた。大空間のメイン担当というものは、一生のうちに何度も巡り合わない貴重な経験である。それを主担当でなくても、機会の重要性をお互いに納得した上でモチベーション高く、活き活きと切磋琢磨してくれた時には、2人がたいへん頼もしく感じたものである。

統制と自主性の相乗効果

強い指示命令やルールによるガバナンスを行えば、メンバー個人に有無を言わせず実行させることができる。しかし、腹落ちしない指示に対しては、能力を十分に発揮しないことが多い。個人は、「やる気」の源泉である自主性によって自己の能力を最大限に発揮するものである。統制と自主性を、場面によってうまく活用することが肝心である。そのためには、組織のベクトルと個人のベクトルを合わせる日常活動がとても重要である。

大きな組織になればなるほど、社是や経営理念、スローガン、作業所長方針などを、しっかり第一線の具体的作業にまでブレークダウンすることが重要である。トップの声は、第一線のメンバーには届き難い。そこは努力と工夫で打破しなければならない。

こんなことがありました

ある巡回中の建築現場において、「避雷針のてっぺんから杭の先端まで」というスローガンに出会った。それは休憩所やトイレにも標示されており、事務所では工事概要資料や日常管理書類に至るまで明示されていた。どこにいても目に付くため、印象に強く残ったものである。その現場の方々は、私以上に日常の感覚として意識していたことと思う。これは作業所長は強い意志として、建築物のすべての部位に品質管理を徹底させるぞ、という意識の高さを表しているものであった。

タテ・ヨコのすきまを補完する行動規範

『エッセンシャル版　マネジメント　基本と原則』（ピーター・F・ドラッカー著、上田惇生編訳、ダイヤモンド社、2001）といった専門書では、どんなに良い役割分担やルールを設定しても「完璧な組織体制はない」と言われている。機能別縦割り制にすると、他部門との境界にすきまや壁ができる。目的別チーム制にすると縦の指示系統にすきまができる。機能別と目的別を組み合わせたクロスファンクションでも交差部分に穴が開くか、お互いの役割分担にお見合い状態やぶつかり合いが発生する。

建築現場では、工種別担当と工区別担当のすきまに注意が必要である。ある工区にサッシュ工が取付けに来たが、コンクリート躯体にはらみがあり正規位置に取り付けられない。斫り作業が必要となり、サッシュ工担当者は斫り工担当者に連絡し、斫りを手配することになる。ところが、連絡不足で手配が放置されてしまった。工区としての工程遅れは工区担当者も気配りするべきであった。三者のすきまを埋めるためには、「確認の上の確認、そのまた上に確認」の声掛け連携の習慣が効いてくる。

日常業務の中ですきまを埋め、干渉を避ける工夫がある。「手伝いましょうか」「助けて」などの声掛け、「目配り・気配り・思いやり」である。組織の価値観や文化、不文律の行動規範が、ウソやズルのない、人間同士の真摯な行動や付き合いにつながり、その積み重ねが信用となり信頼となる。

1999（平成11）年、ハーバード・ビジネス・スクールのエイミー・C・エドモンドソン教授は、「心理的安全性」のある職場づくりを提唱した。「心理的安全性」とは、チームの中では対人関係にリスクをとっても大丈夫だというメンバー共有の信念を指す。広い平地で速く走れる人でも、高所から落ちるリスクのある綱渡りのような細い道では、思い切って全速力では走れない。少しの失敗も許されない場では、だれもが萎縮してひらめいたアイデアも口に出さず、思い切った挑戦的な行動もできない。一見、統率がよくとれた組織でも、個人は過度な責任やストレスが大きいために能力発揮が抑制されていることがある。これでは組織活動の持続性が危ぶまれ、非効率な弱い組織になってしまう。

以下に、建築現場における「仕組み」「中身」「やる気」による組織マネジメントの事例を紹介する。

事例① 建築現場の技能労働者と元請メンバーの組織マネジメント リーダー会（職長会）の運営

建築現場では、施工管理技術者は作業指示者、技能労働者は指示を受ける専門分野のエキスパートという組織である。だが、技能労働者の中には、指示内容以上のパフォーマンスを発揮できる人もいる。更に彼らは自分が手掛けた仕事に強い愛着とプライドを持っている。技能労働者同士は日常の現場において次工程の専門工事業者との綿密な連携も自主的に行って協働している。次工程への移行タイミングや現地納まりの引継調整なども、施工管理技術者より先行して見計らっている。こうした優れた職種間のコミュニケーションを、施工管理技術者の指示命令とうまく融合することで、より効果的な作業所運営ができる。

この関係性は極めて重要で、自主的なリーダー会活動（職長会活動と呼ばれる）が活性化された現場は組織活動がうまく運ぶのである。会の運営要領は各現場で設定されており、安全衛生班・福利厚生班・生産性向上班などのメンバーを募り、安全巡回・一斉清掃・休憩所の快適化・コミュニケーションイベントなどの企画を実行している。

活気あるリーダー会と個々の高い技能が組み合わさって、自分の仕事に対する矜持《きょうじ》（プライド）や熱意によって「やる気」がもり立てられ、より優れた安全性・品質・生産性の源泉になるのである。

事例② 組織力を高める多様性とコミュニケーション　多様性を受け入れ、「ゆらぎ」を良しとする

建築現場には、様々な専門性を持ち、経歴も性格・個性・意識も異なるステークホルダーが集まっている。世代間ギャップはもちろんだが、外国人も増え続けて、価値観や行動規範の多様性も広がっている。これを管理主義的な統率だけでまとめようとしてもうまくはいかない。お互いを尊重し、自分の意見を本音で言い合えるコミュニケーションが相乗効果を生み、両立するところ、妥協するところ、そうしたアイデアが次々に出されて前進していくことが、まさに建設的な組織力なのである。なお多様性とは、単なる無秩序なバラツキでなく、ある程度の規則性を持った「ゆらぎ」の状態である。

海外巡回時の事例では、宗教の違う国の技能労働者のために宗教別の祭壇を設け、各々お祈りの時間を認め、多国籍技能労働者間のコミュニケーションを図れるように配慮した現場もあった。

事例③ 組織文化の醸成　トップが常々口にすることが、組織の文化・風土となる

建築現場の組織は、所長をトップとし次席、担当者が続くピラミッド型である。所長の一言ひと言に、メンバーは現場の価値観や「行動規範」を感じ取る。安全ばかり言う所長に対しては安全重視になり、損益ばかりを言う所長に対してはお金が第一の組織になる。

このような繰り返し聞かせる「口癖効果」を見える化するために、建築現場ではモットーやキャッチフレーズを考えて、大型ポスターを貼り出したりする。中には俳句や川柳のように5・7・5などの形にしたり、語呂合わせしたり、インパクトある造語をつくったり、歌にして口にしやすく、耳に残る工夫をする人もいる。これらは「型から入る」効果に通じる策なのである。

例として、私が新入社員を受け入れた際にはじめに教えた「建築現場の基本心得」を紹介する（図表4-18）。当たり前のことをシンプルに分かりやすく、口にしやすいフレーズで表現し、本人たちの心に無意識のうちに浸透していくことを願ったものである。

建築現場の基本心得　10則（初心者編）
1 現場、危険！ 自分を守れ！ 皆、守れ！
2 時間厳守、秒単位！ 守れぬ時は事前連絡！
3 整然は、清掃すると見えてくる！ 通路・清掃、裏・清掃！
4 職長さんは家族です。名前で、大きく、自分から！
5 一字一句、聴く姿勢！ 聴き取れ、メモとれ、本音とれ！
6 作業指示、書面で、図面で、解説で！
7 注意力！ 知っておけ！ 何がどこに？ 誰が何を？
8 確実は、確認の上の確認、の上の確認で！
9 やれること、もれない段取り、笑顔のみ！
10 つながりは、発信、うなずき、受け答え！

図表4-18　建築現場の基本心得10則

もの決めマネジメント　想いの整合性・合意・一貫性を形成し具現化する技

ものづくりには、「もの決めマネジメント」が求められる。建築物をつくる際には、具体的な寸法・材料、メーカーや製品名、カラースキームなど、決定することは山ほどあり、そのプロセスをマネジメントすることが、実施工における工程進捗、品質の程度などの様々なシーンを左右する。ものを決めるプロセスは、構想・企画、基本計画、基本設計、実施設計、詳細設計、製作設計、実施施工へと次第に詳細化し密度が高まっていく。

企画段階においては、建築主のニーズを明確化する。設計段階ではニーズを設計図書として設計図面と仕様書を具現化していく。そこには予算・工期があり、グレードを上げれば価格は高くなるし、供用開始日・新装開店日・住み始める日などの完成納期が決まっていれば、スケジュールもクリティカルとなる。そこには、もの決め・部材製作・施工期間という流れがあり、利害関係者が様々な意見を言う中で、多くの選択肢から一つに絞り込むためには、課題解決力とコミュニケーション力による高い調整能力と強い権限あるリーダーシップが必要である。

タイムリーに「もの決め」できることにより、工程における手戻りを抑えることはもちろん、無駄なコストを省くことができ、現場における中枢的な業務ができる。

フロー1　もの決め体制の構築

建築現場のもの決めマネジメントは、まずはだれが・いつ決定するか、その決定フローと意思決定体制を、諸官庁・建築主・コンサル・設計者・監理者・施工者など関係者全員が合意することから始まる。場合によっては、ビル管理者・使用者・インフラ会社などが加わることもある。

重要なことは決定権をだれが持つかであり、項目ごとに会議体（分科会や事務局による準備を含む）や必要書類・記録を定め、どう進めていくかを決めておく必要がある。その際、専門分野を司る設計者や施工者は、建築主が意思決定するための材料や提案をタイムリーに提供するのが役割であり義務である。もし、決めたつもりがそうでなかった場合には、時間とマンパワーに甚大なロスが発生し、お互いの信頼感に多大な悪影響を及ぼすことは必至である。場合によっては、「振り出しに戻る」ことも覚悟しなければならなくなる。

フロー2　もの決めスケジュール計画の作成と合意

建築現場の「もの決め」には順番がある。

①大方針（概略のイメージ、規模、用途、予算）
②面積や構造、所要室、間取りなど
③平面・立面・断面の完成寸法、材料仕様、製品や部材の製作寸法、色など
④製作図の作図日数、材料調達から製作完了までの期間
⑤現地作業の着手予定日
⑥建物竣工・引渡し日

⑥から逆算して、だれが・いつ・何を決めるかを決め、はじめの大方針から時間的に一つずつ着実に進めていくスケジュール計画を立案し合意しなければならない。

フロー3　着実な担当業務の遂行と課題解決

「もの決め」には、以下の役割分担が必要である。

①候補案のアイデアをモレなく洗い出す担当
②案の内容を表現するたたき台を作成する担当者

③ ニーズや基準と照らし合わせチェック・修正する担当者

④ 案の最終決定者

内容を詳細化する過程では、問題点や検討課題を解決しなければ先に進めないことも常である。検討課題には予算や工期、時にはプロジェクト自体の根幹にかかわる重要なものも混在してくる。場合によっては「最終決定者」に参画してもらい、重要な判断を求めるケースもあり、柔軟に、かつタイムリーに参集できる俊敏な活動が求められる。

フロー4　進捗対比とフォロー策

専門分野が異なる者同士が集まる場では、量と質ともに過不足のない「提案」や「情報提供」が不可欠である。確実に進めるためには、些細なことでも期日や決定事項をあいまいにしない姿勢が極めて重要である。お互いに変な忖度などしていたら決まるものも決まらない。不完全燃焼のまま決まってしまい、あとでどうにもならなくなることもある。そのような結果に近くなった時に起きがちなのは、責任のなすり合いで他責ばかりを追う見苦しい場面である。

建築の竣工日を優先するならば、企画構想や設計段階からプロジェクトをマネジメントするプロジェクトマネージャーは進捗度を綿密に把握し、スケジュールが遅れているところへの催促と必要な支援を緩めてはいけない。プロジェクトマネージャーは、事業関係者から「もの決め」マネジメントの巧みさを期待される役割なのである。

人材育成の今昔と心掛け

技能の習得にあたって、昔は「見て盗め」「背中を見て育て」など徒弟制度的な育て方を是としてきた。今は、変動の激しいＶＵＣＡ（Volatility 変動性、Uncertainty 不確実性、Complexity 複雑性、Ambiguity あいまい性）時代にあって、更に少子高齢化や若手生産人口の不足する中で、ＩＣＴなど通信技術やデジタル分野に長けたＺ世代に引き継いでゆく別次元の世界に踏み込んでいる。このような次世代の若手や新規入職者を、効果的かつ効率的に育成するには、時代に合った発想のもとに進めていかなくてはいけない。

その際、普遍的な習得に関する性質を理解しておくとよい。人は、強い感情や欲求を伴う経験やものごとを、強く記憶する傾向がある。その傾向を利用するならば、重要なノウハウを教える場面はその状態にすることが効果的となる。例えば、褒められることは大きな喜びの感情や自己実現欲求の満足がある。また、厳しく叱咤される悔しさは強い感情である。ものすごく褒められたこと、叱られたことは、生涯忘れないものになる（図表４－19）。

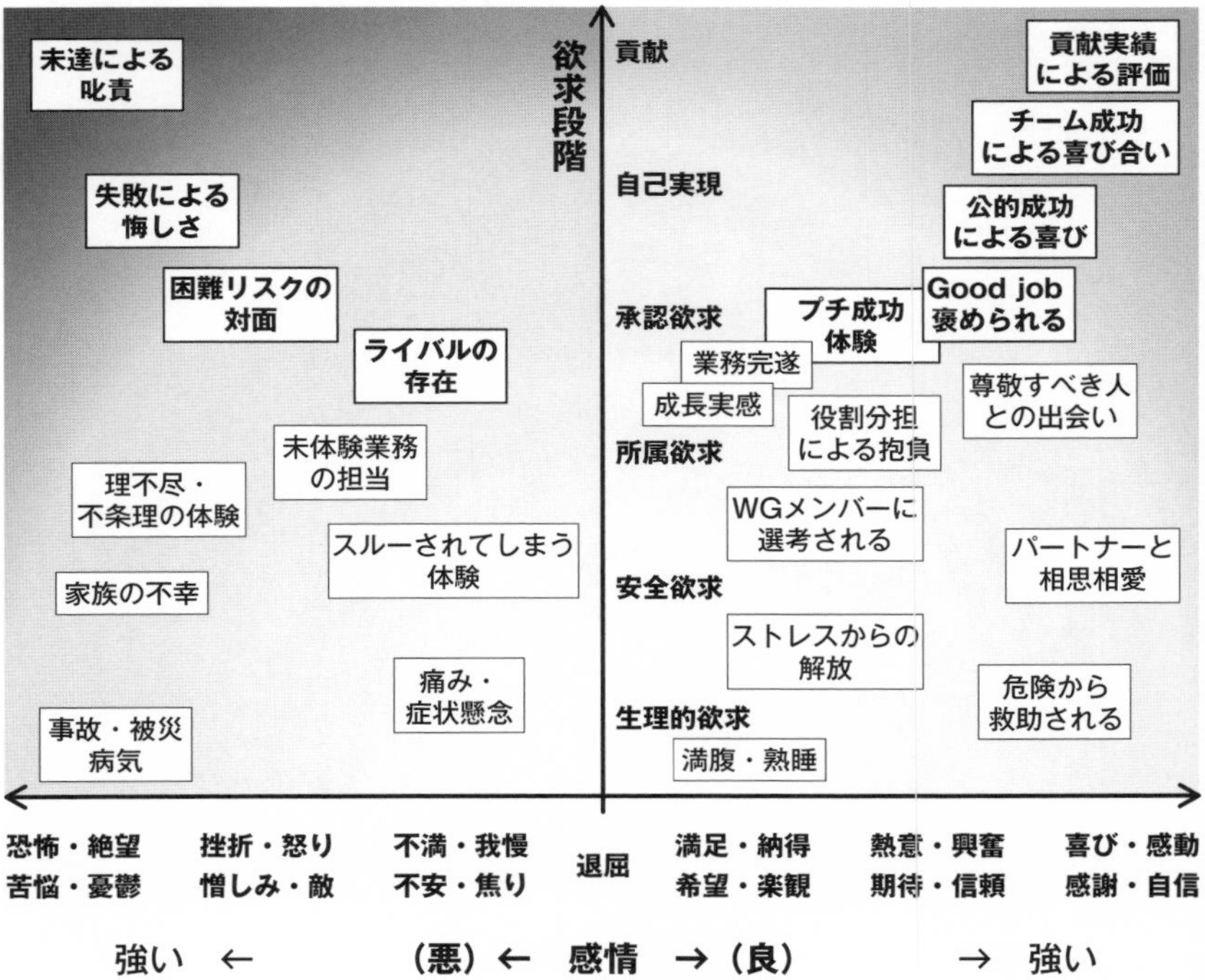

図表 4-19　高い目標に挑戦し経験する大きな感情と欲求は動機付けとなる

こんなことがありました

時代を超えても変わらぬ、育成する側と成長する側の心掛け

[育成する側の心掛け]

① 若手本人が成長するとは、組織が成長すること
② 人には気質や素質があるので、その人に合った接し方をすること
③ 任せて下支えすること。手取り足取りの指導は、かえって甘やかしになる
④ 粘り強く繰り返し教えること。数回教えたくらいでは高い能力は修得できない

人材育成における育成する側の心得として、本人のセルフエスティーム（積極的な自己評価——自己重要感・自己有能感・自己好感）を高め、そのためのエンパワーメント（勇気付け・環境づくり・機会の提供・支援・リワード）を十分に付与し続けるという方法がある。特にリワード（報い）は一番効果を発揮する。具体的な機会としては、良い成果にはタイムリーに賞賛する。衆目の集まる場で拍手したり、他者に気付かれないようにメッセージカードを渡したりする。手書きのメッセージはいつまでも心に残り、次へのモチベーションにつながる。上司たる者、何人の優秀な部下を育成できたかが勝負であり、それこそ企業の組織力につながる大事な仕事と考えている。

[成長する側の心掛け]

① 早く一人前になりたい、自立したい、貢献したいと強く思うこと
② 情報や機会を自ら獲りに行くこと。待っていてはいけない
③ 耐える、慣れる、それで余裕が生まれる。それが成長したこと
④ 効率をアップし余裕の時間をつくること。それを次のスパイラルアップに使う

私が、入社したその年に先輩から言われた言葉は「叩けよ、さらば開かれん。求めよ、さらば与えられん（新約聖書マタイ伝）」。この言葉は、私が生涯自ら実践したポジティブアクションの原点である。

渉外・交渉マネジメント（建築現場外・社外）　利害の相反する相手とも相乗効果を生む

渉外とは、「外部と連絡・交渉すること」である。その場面には、相手の説明を聞くだけの場面、説明や連絡するだけの場面、相談・協議する場面など様々である。その際、双方の利害が一致する場合もあるし、相反する場合もある。渉外は利害が一致する場合は比較的簡単であるが、反する場合には、いわゆる「交渉」ごととなり、相手が感情的だったり主観的であったりする場合には、極めてデリケートで難しい議論の展開となる。正論だけではうまくいかないこともある。

渉外の対象には、建築主、設計者などの日常の関係者以外にも第三者やマスコミが登場する場合もある。同じ社内でも現場メンバー以外は渉外の対象となることもある。

渉外の目的は、当方のやりたいことを相手に納得してもらい、実行に移すこと、あるいは、当方の不利益を最小限に抑えるための合意を取り付けることである。その過程においては、相手の主張や意図を汲み取ることもある。渉外には、「コミュニケーション力」「戦略・戦術策定力」「論理的思考力」「課題解決力」「人間的魅力」を駆使することが求められる。論理性最優先のディベートや利害性最優先の交渉とは違い、建築現場を担う技術者には、技術的な見地を優先する言動が期待されている。

技術者として相手を説得する場面での基本的な姿勢は次の四つである。

① 技術を論理的に説明する。自らの主張に至った理由・根拠を説明する。
② 公的基準に基づき、社会的に適正であることを説明する。
③ 過去の実例や類似例を示す。
④ 注意点や前提条件、メリット・デメリットなども情報提供する。

様々な交渉対象　良い交渉・悪い交渉・リスキーな交渉

交渉スタイルには、お互いが譲り合い妥協点を見出す「Lose-Lose交渉」、自分だけが勝ち相手が負ける「Win-Lose交渉」などがある。良い交渉とは、交渉することでお互いに利得が向上する「Win-Win交渉」である。一方で、その場では全面的に勝利したが、将来のリスクの種となる悪い交渉もある。後々を考慮した場合には「負けるが勝ち」「敵が味方になる交渉」など、戦略的な交渉の方が得策の場合がある。

リスキーな交渉というものもある。それは、「交渉そのものをしない」「決裂して別れる」といった、極めて強い手法である。決裂してもお互いに不利益にならなければ最適策であったという場合もある。なお決裂させる場合には、困った方が実は負けているのである。建築現場では、厳しい責任追及や改善要望を目的に、相手が執拗に交渉に臨んで来る場面がしばしばある。これは、交渉の余地があるということである。そのような場合には逃げることなく妥協点を目指して交渉するのが最善策と考える。

種々の交渉テクニック事例

渉外・交渉マネジメントにおける基本は、「正道・誠実」「人間尊重」「準備万端」である。だが、理不尽・不条理な相手や反対勢力とも交渉しなければならない場合が必ずある。その場合には、老獪《ろうかい》な交渉テクニックも必要である。代表的な三つを紹介する。

① 相手の土俵にのらない。先方の論拠の前提から崩す

② 自らの正義に絶対的な自信を持つ。その確信は何よりも強い

③ 相手の弱みとバーター取引きする。駆け引きによる妥協点の探り合いである

近隣からの苦情対応

近隣への迷惑事象として、騒音・振動、物理的障害、既得権の低下、受忍事項などがある。これらに対する渉外には、特に慎重さを要する。程度の差こそあれ、正論では当方は迷惑を掛けているからである。その際の対応のコツを三つ紹介する。

①「論理」対「感情」の2次災害を発生させない

感情的になったら、どんなに論理的でも通じない。過度な理詰めより相手の感情に寄り添うことが第一である。

②人権リスペクトでの協議、乱暴な言動の禁止

協議が熱くなると、口調や言動が威圧的・暴力的になることがある。それはあげ足をとられるネタをつくるようなものである。丁寧な言葉で通すように心がける。

③交渉決裂や法的裁定による損得を知る

お互いに渉外で合意できない場合や妥協点が見出せない場合には、最終的には決裂するか、第三者による法的裁定に委ねることになる。どちらが、どの程度の損得になるか、どんなリスクを背負うかをふまえて臨むことが最適な結果へとつながる。

M プロジェクトマネジメント　想いや構想から唯一の作品をつくり上げる

建設プロジェクトとは、施工段階ばかりでなく、受注段階や設計段階までもが含まれる。建築主から見れば、建物の供用開始後や事業立上げまでを含めると「事業プロジェクト」と言った方がふさわしい。一つの建設プロジェクトをマネジメントする際には、完成建物であるハード的な「箱もの」づくりの専門知識や技術に加えて、病院をつくる、マンションをつくる、美術館をつくる、といった建築主の目的や使い方、維持管理までのソフト的な運用にまで配慮してつくり込まなければならない。

特に、建築主にとってのプロジェクトは、企画構想、設計、施工、事業収支、維持管理までの大きな決断の連続である。施工管理技術者であっても、それらの活動に参画できるくらいの知識や経験を持ち、建築主を支援できるような立場になりたいものである。

ちなみに、建設工事の基本施工計画から、工事中における失敗を予防する再発防止や標準化までは「施工マネジメント」の対象であり、各専門工事の計画から検査・是正までが施工管理の対象である。

企画構想や設計段階からプロジェクトをマネジメントする責任者を「プロジェクトマネージャー（プロマネ）」と呼ぶ。プロマネには、プロジェクトをあるべき姿にするための大きな役割がある。それは次の五つである。

①建築主のニーズに対する関係者の合意形成とニーズの変動に対する迅速な対応
②事業プロジェクトにおける人員体制および意思決定フローの構築と維持
③マスタースケジュールの策定と進捗管理
④最終的なねらいの収支に向けた管理
⑤建築主のニーズと建物の整合性確保

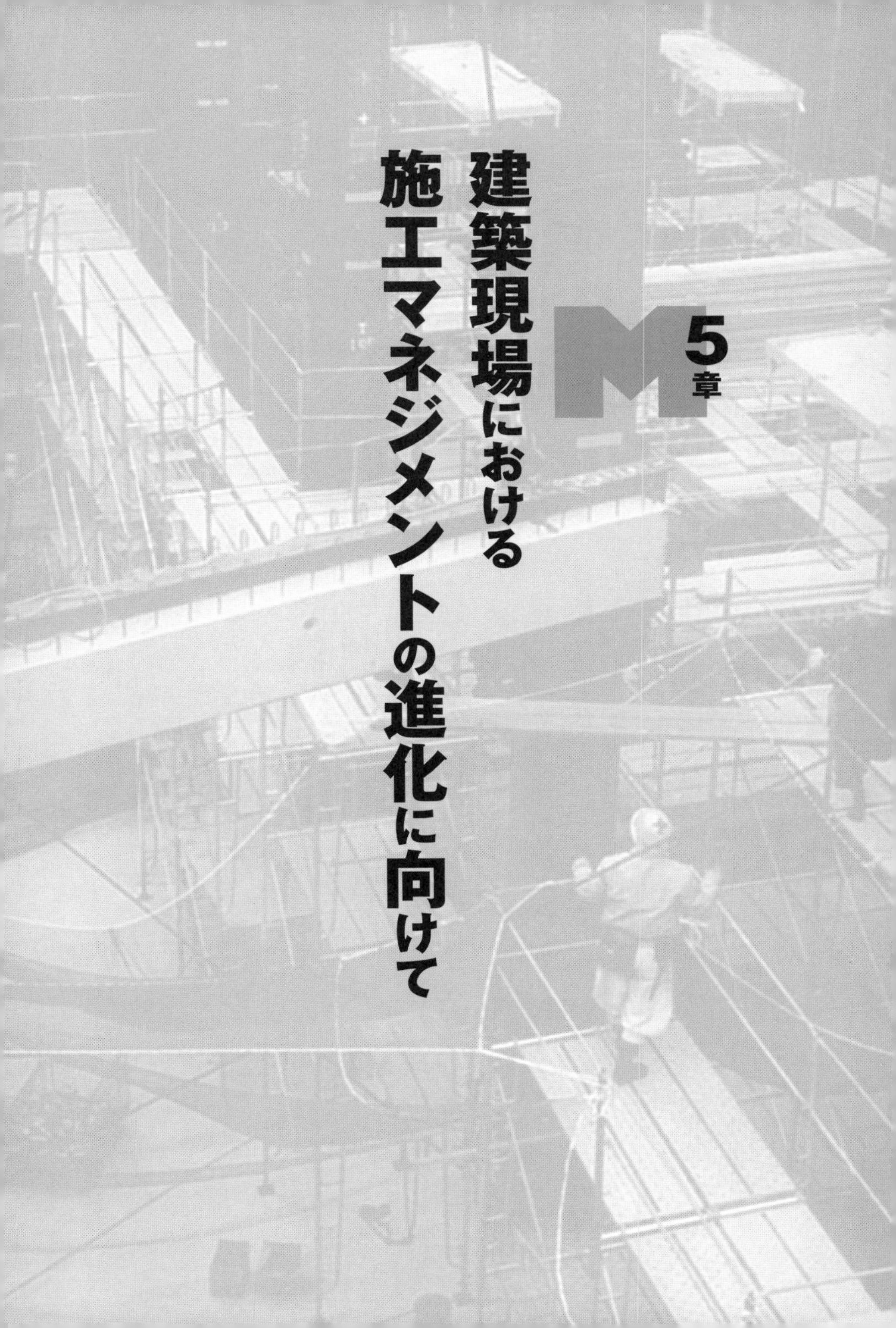

5章

建築現場における施工マネジメントの進化に向けて

これからの施工マネジメントは、やりがいある多様な働き方と、建築を創出していくことの魅力の相乗効果のもとに成り立つ。

日本の生産人口が減少していく中で、社会資本や防災、日常生活や各業界活動の社会基盤となる建築物の新築や保全において「良い品質の建物をつくること」「人命・地球環境を守ること」などの建築業の重要な役割を果たすためには、「就労者数の確保」と「生産性の向上」が極めて重要である。

「故《ふる》きを温《たず》ね新しきを知る伝統の世界」と「最先端テクノロジーを活用したイノベーションの世界」が融合し、社会ニーズに応え続け、若い人たちが働いてみたいと思う魅力的な建築産業のさらなる進化に向けて、何が必要かを考えてみたい。

1 建築現場の生産性向上　生産性の低い産業から高付加価値産業へ

ものづくりの世界では、「生産性向上」は古くて新しい永遠のテーマである。「生産」とは、単に「つくる作業」で終わるのではなく、「付加価値を創り出す仕事」であると言っても過言ではない。付加価値には有形・無形があるが、その大小は、ビジネスの世界では対価で評価されることが多いが、建築における「生産性」とはその効率なので、

生　産　性　＝生産量／投入量（コストや労力工数）

などである。これを技能労働者個人について考えると、一日当たりにこなす作業量が対価に直結するので、

作業効率＝施工歩掛り

が重要な代用特性となる。ここで、「なぜ施工歩掛りが向上しないか」という問題を設定し、特性要因図を用いて、生産性向上の糸口を考えてみた（図表5‐1）。

各要因を影響度「寄与率」の上位順に並べると、改善すべき多種多様な要因が見えてくる。

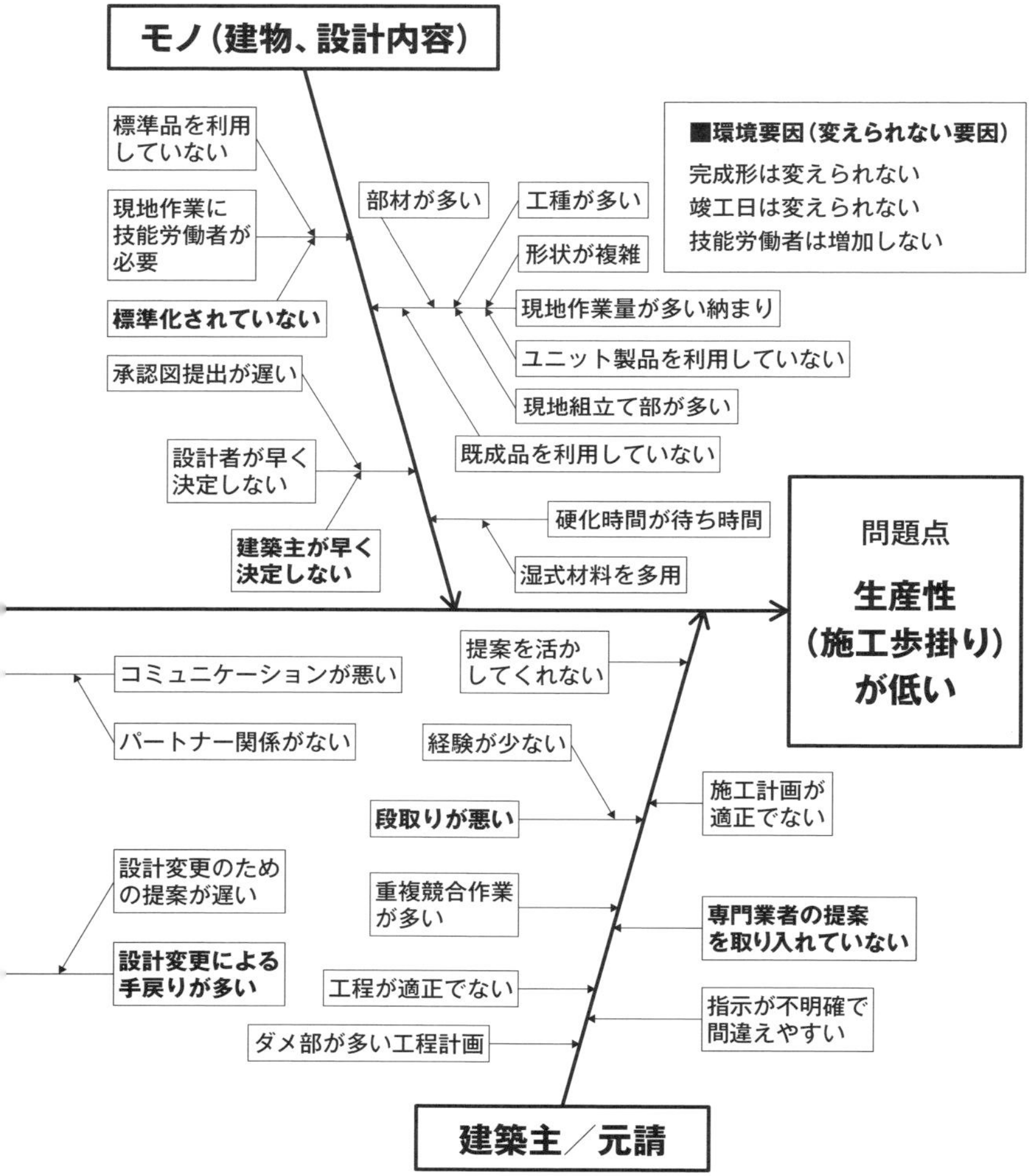
モノ（建物、設計内容）
標準品を利用していない
現地作業に技能労働者が必要
標準化されていない
部材が多い
工種が多い
形状が複雑
現地作業量が多い納まり
ユニット製品を利用していない
現地組立て部が多い
既成品を利用していない
■環境要因（変えられない要因）
完成形は変えられない
竣工日は変えられない
技能労働者は増加しない
承認図提出が遅い
設計者が早く決定しない
建築主が早く決定しない
硬化時間が待ち時間
湿式材料を多用
問題点
生産性（施工歩掛り）が低い
コミュニケーションが悪い
パートナー関係がない
提案を活かしてくれない
経験が少ない
段取りが悪い
施工計画が適正でない
設計変更のための提案が遅い
設計変更による手戻りが多い
重複競合作業が多い
専門業者の提案を取り入れていない
工程が適正でない
指示が不明確で間違えやすい
ダメ部が多い工程計画
建築主／元請

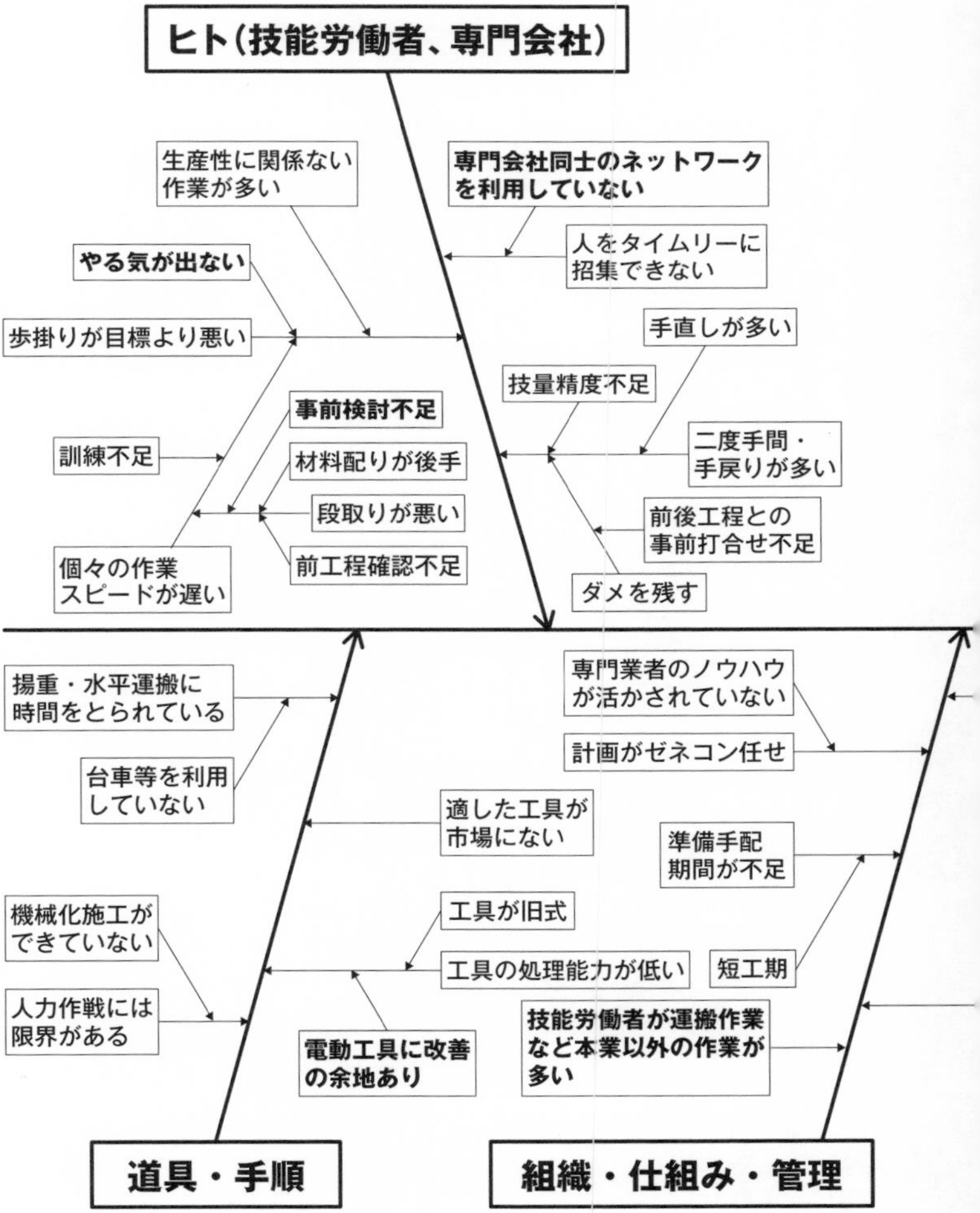

図表 5-1　なぜ「施工歩掛り」が向上しないか　特性要因図

・元請の段取りが悪く、手戻り（二度手間）や手待ち（無作業時間）が多い。
・関係者間のコミュニケーションが悪い。
・打合せなどが実働時間を阻害する。
・資材部数が多い。
・工具が使いにくい。
・正確で素早くできる技能が低い。

こうして見ると、自分自身の技能レベルの限界の問題はもちろんあるが、自らではどうにもならない環境要因が大きいことが分かる。これらを除いたものが改善の対象となり、その要因を解決できるアイデアが起案できるか否かに施工マネジメントの優劣が現れる。

そのためには、「やめる」「多能工化する」「標準化する」「スキルアップする」「逆転する」などが共通キーワードとして抽出される（図表５－２）。古典的ではあるが、定石として、ぜひ心に留めておきたい。

アイデア起案のキーワード

1 やめる。無駄をなくす。二度手間を減らす	16 すきま時間・ロスタイムの利用
2 作業スピードを速くする	17 事前の良い段取り
3 複合化・統合化・集約化を組み合わせる	18 運搬方法・サプライチェーンの工夫
4 伝達ロス、接続ロスをなくす・減らす	19 チーム連携プレー
5 ICTを導入する	20 ユニット化、工場化する
6 分業化・専業化・流れ作業化する	21 先組みする(平準化する・作業性の良い場所)
7 自動化する	22 他分野の技術利用
8 単純化する	23 スキルアップ（訓練・勉強）
9 目標設定などでやる気を奮起「目標効果」	24 熟練技能の良い型を真似し普及
10 多能工化	25 アタッチメント、調整時間の短縮
11 過剰を見直し、棚卸し	26 接続部の納まり改善
12 既製品・標準品を利用	27 乾燥時間不要、強度発現不要材料の利用
13 標準化・汎用化・繰返し化	28 高度な技能が不要な工法
14 新しい開発材料・新技術の利用	29 技術の水平展開資料の整備
15 道具の改善・治具製作（からくり・てこ等）	30 手順の逆転

図表 5-2　生産性向上の着眼点

2

最新テクノロジー活用による建築現場のトランスフォーメーション

属人的技能をデジタル化し、ICT・BIM・AI・ロボットへ伝承し、さらにその先へ

デジタルテクノロジーを使った、DX（デジタル トランスフォーメーション：digital transformation）が、建築現場の「ありよう・やりよう」、さらには「必要とされる能力」までも、大きく変容させようとしている。歴史的には1970年代頃からソフト技術の進化が著しく進み始め、オフィスオートメーション化がビジネスプロセスに変化をもたらし、2023（令和5）年に至っては生成AI（人工知能）が世界を席捲し、いよいよ人間の思考領域にまで踏み込み始めている。

◉歴史的なエポック

1970年代　「情報のデジタル化」の通信ネットワーク導入

1980年代　パソコンの導入・活用スタート

2000（平成12）年　インターネットの画期的な進歩　Google日本語対応開始

2008（平成20）年　スマートフォン普及展開　App iPhone-3G　日本発売

2008(平成20)年　クラウドサービス開始　Google App Engine 一般公開
2009(平成21)年　日本におけるBIM元年　関連書籍の出版・組織的取組み開始
※BIM（ビム：ビルディング　インフォメーション　モデリング　building information modering）
2010(平成22)年　タブレット普及展開　App iPad日本発売
2016(平成28)年　国土交通省　I-Constrction 推進開始
2018(平成30)年　DX　経済産業省　DXレポート
2022(令和4)年　生成AI　オープンAI　ChatGPT公開

デジタル技術により、伝達や記録作成の労力は激減する

これらは建築産業においても劇的な変化をもたらしている。建築産業に登場した変化を俯瞰してみよう。スマートフォンやタブレット型コンピューターの活用が日常化している。今や現場の第一線で、欲しい時に欲しい技術情報や図面情報が即座に手に入る。是正処置が必要な場合には専門工事会社にすぐに伝達・指示ができる。管理した内容はデジタル写真に記録され、検査記録も同様に記録される。

これまでの施工管理の仕事では、「情報伝達」「整合性共有」「品質記録作成」に多くの時間を費やしていた。「記録保管」についても保管場所や保管作業にかなりの負担を要してきた。昨今、クラウドサーバーなどによって革新的にデータの格納場所を削減でき、デジタルや通信技術により、「伝達や記録」は正確で迅速になってきた。これらのツールを施工マネジメントにフル活用しない手はないのである。

BIMを用いた、誰にでも理解できる3次元モデリング

建築現場では、これまで3次元空間を2次元の平面図や断面図で表現することや、逆に2次元を頭の中で3次元空間として想像できる「図面力」が必須であった。そこに登場したのが、2010年代より建設分野にも本格的に導入が始まったBIMである。

BIMにおいては、建物の形態情報に留まらず、仕様情報までをも含む3次元モデルを活用して、関係者間の視覚的な情報共有を円滑に進めることができる（図表5－3）。

具体的には部材データに、位置や寸法に加え、材質、製品番号などの仕様や納期などの付帯データを持たせることができる。BIMによるイメージ合意は建築主や設計者など図面能力に差がある多くの人が「もの決め」する時間を画期的に短縮した。竣工後も設計のBIMモデルを維持管理に一気通貫で活用することもできる。

BIMモデルは、あらゆる方向からの視点で形状が確認でき、任意の断面も簡単に切ることができる。異種業種の図面

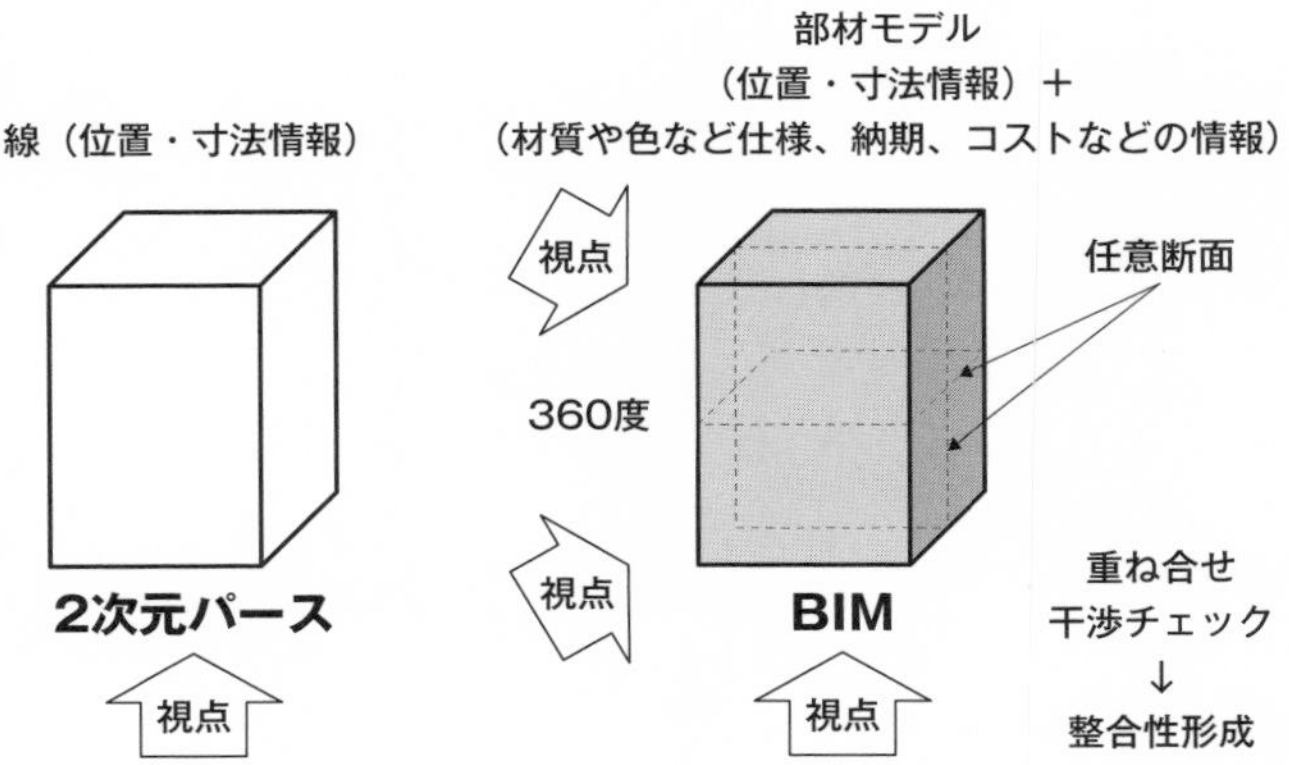

図表 5-3　BIMとは

情報を持ったデジタル部材で構成される建築モデルによるものづくり

の整合性チェックなどは自動化され、設計者・施工者、時には専門工事会社が一堂に会して図面チェックを行うことも日常的になり、図面作成業務が大幅に省力化されている。加えて、製作図の省略・不要化を目指しており、鉄骨製作などでは設計モデル・施工モデルに留まらず製作モデルまでの一貫モデリングにより、作図から製作までの労力を大幅に低減したＣＡＭ（キャム：Computer Aided Manufacturing）の普及・展開が喫緊の課題となっている。

ＢＩＭは、３Ｄ（縦・横・高さ）からさらに進化し、４Ｄ（時間）、５Ｄ（コスト）の要素などが入ったツールにまでなろうとしている。一部では、何年・何月・何日・何時・何分の時点での進捗状況や出来高管理ができるようになり、数量積算も積極的に行おうとしている。

こうしたことから図面を描く時間、図面を見て干渉チェックや整合性チェックする時間が画期的に短縮されるのである。図面力を習得するのに必要だった長い時間は、短期間で習得できる3次元ツールの操作スキルに充てられる。もしかしたらＡＩが図面修正する時代が来るかもしれない。

建築しようとする3次元空間を仮想的に見せる

3次元空間のデジタル技術は、仮想空間としてのビジュアル化にまで及んでいる。

ＶＲ（Virtual Reality：仮想現実）、ＡＲ（Augmented Reality：拡張現実）、ＭＲ（Mixed Reality：複合現実）といった、建築空間をあたかも現実であるかのように見せる画期的な技術開発がされている。最近では、これらをＸＲ（Extended Reality / Cross Rearity）と総称している。

ＶＲでは、人工的につくり出された仮想空間を体験する。ＡＲでは、デジタルな情報を付加して現実世界を仮想的に拡張する。たとえばスマートフォンカメラの映像にCGコンテンツを付加したり、解説を表示したりする。MRでは、現実空間をMRゴーグルで空間マッピングし、仮想オブジェクトのホログラムをディスプレイに投影して現実空間上に映し出す。

XRは、建築主との「もの決め」にも効果を発揮している。BIMと連動して外装デザインをバーチャルで確認しながら、多くのパターンを最終案に決定したり、室内空間のイメージをバーチャルで体感しながら、レイアウトや使い勝手を確認するなど、設計段階で大いに効果を発揮している。

建築現場のもの決め場面では、従来、図面を介して建築主を含む関係者が共通認識を図り、それを基に協議、検討する作業に、相当の時間と労力を費やし、「もの決め時間」をしてきた。その時間を短縮できる。2010年ごろからBIMによるイメージ合意、重ね合せチェック、デジファブへの連動が始まったが、設計者のような図面力のない建築主でもBIMによる3次元画像により空間の理解が少しだけできるようになり、もの決め時間が画期的に短縮されたことは望ましい動向である。

施工管理場面では、これまで検査において現地・現物・現時を実測し、図面と照合するという作業に、たいへんな時間を費やしてきたが、これを大幅に削減する技術が開発されつつある。それは、BIMモデルと実際の施工状況をVRレンズという特殊デバイスを用いて視覚的に重ね合わせるデジタルツイン技術である。VRレンズによる現地との位置精度照合、墨出しなどへ進歩し、効率化が進んでいる。

デジタルデータをAIが判断し、ロボットが重作業する建築現場

幾何学や力学計算などのように、明快なロジックで成り立っている業務はAIへ移行しやすい。これまで

社内の上司や建築主に既存の知見を論理立てて説明できていた業務は、AIの得意とするところであり、AIへ移行しやすい対象である。

現地作業では、ロボット、センサー、アクチュエータの進歩とBIM活用を組み合せることによる相乗効果は、施工マネジメントのDX化として大きく展開できる。ロボットについては、多くの重量物の資材を水平運搬したり、天井などの高い所へ精度良く早く取り付けるといった、人間では負荷が大きい作業に対し、普及していくことが期待できる。その中で「精度良く、早く」には、高度なセンサー技術と微細に動くアクチュエータ技術の開発が必要である。現場環境のラフさを考慮すると、ロボットには「タフさ」も求められる。

ロボットの開発は1980年ごろから第一次開発ブームがあったが、失敗に終わった。その反省をふまえ、第二次開発ブームが2016年ごろから続いている。ここでは「マン・マシンコラボ型ロボット」を徹底的に考え、自動化を求めすぎず、技能労働者が容易に取り扱えることを基本方針としているものである。高度な技能を有する作業は人に任せ、機械はそのサポートに徹し、細やかな技能を要しない作業は最大限機械化を図るのである。

進むべき道

建設DXは夢ではなく、着実に進化している。取組みが難しいところが多々あるかもしれないが、効果の大きさを早いうちに体験し、次世代施工へはデジタルツールをフル活用した上での展望を持つべきではないだろうか。

最新ツールを駆使して、本来の専門性と人間性を活かした「人にしかできない業務」に注力する施工マネジメントへのトランスフォーメーションが近いことを期待する。

3 建築現場の働き方の改革
多様なやりがいと魅力の最大化へ

建築の「ものづくり」に楽しさを感じている人は少なくない。なぜなら、地球上に残り続ける美しい建築を、自分自身が参画して、目の前で出来上がっていく醍醐味ややりがいを実感できる魅力は、他業種にも引けをとらない仕事と言えるからである。

しかし、技能労働者・施工管理技術者ともに、近年は新規入職者が減少し、入職しても離職者が増加傾向となりつつある。その要因について、学生や他業種から見ると、建築現場の仮囲いの中で何をやっているのかよく分からず、仕事の内容や福利厚生、転勤などの処遇面でも、不安あるいは就労環境に不安を感じるのであろう。

昨今、建設業の抱えるこの大きな課題に対する重点施策の一つに「働き方改革」があり、政・官・財あげて、様々な課題に果敢に挑戦している（図5－4）。

近年の動向では、2019（令和1）年より厚生労働省、国土交通省が次々に法整備（改正労働基準法／時間外労働上限規制、改正建設業法）を行い、民間建築では建築主となる経済界へも働きかけ、建設業界としても「働き方改革」として作業所の4週8閉所を推進している。対策としては、請負契約段階で4週8閉

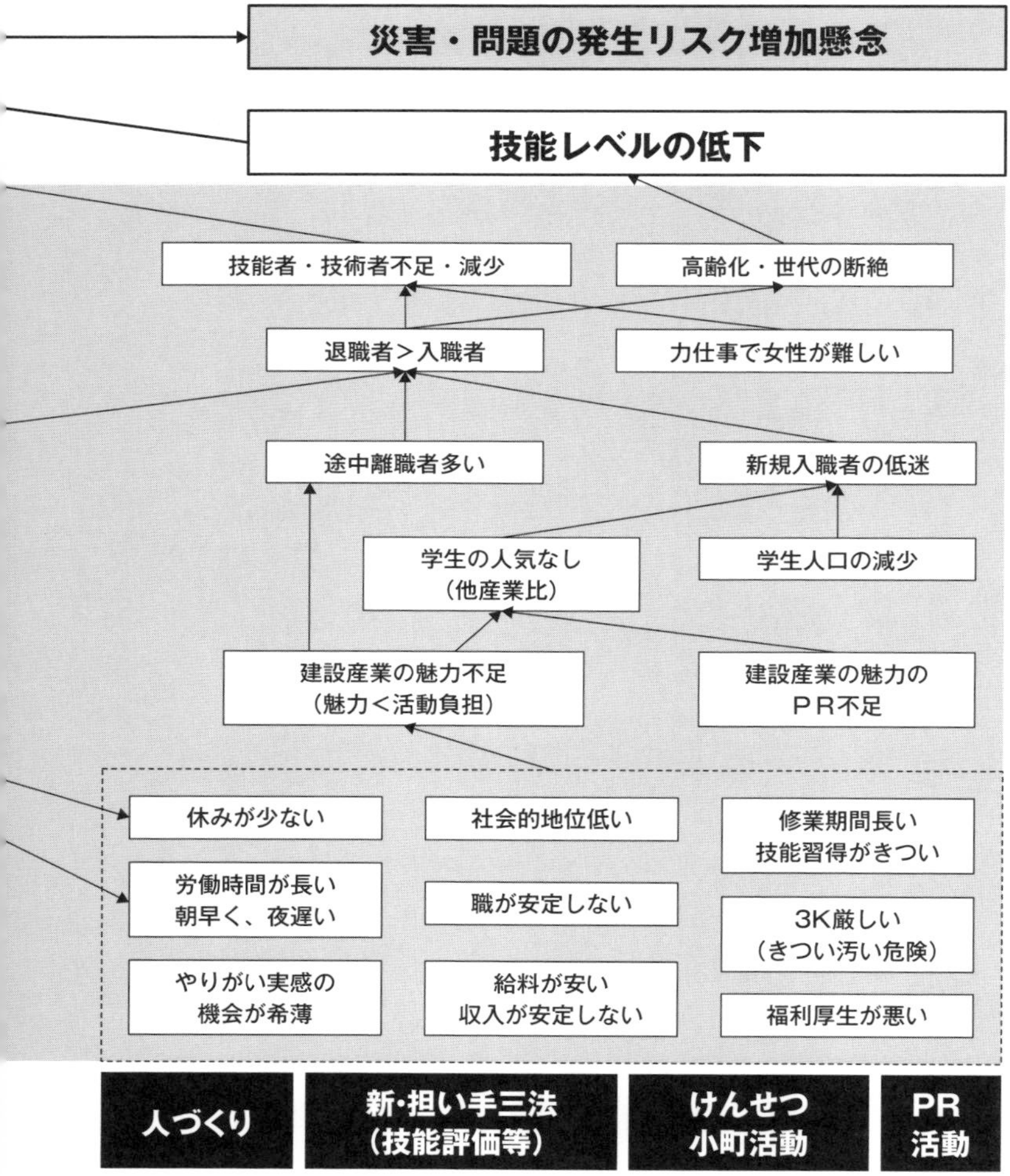
災害・問題の発生リスク増加懸念
技能レベルの低下
技能者・技術者不足・減少
高齢化・世代の断絶
退職者＞入職者
力仕事で女性が難しい
途中離職者多い
新規入職者の低迷
学生の人気なし
（他産業比）
学生人口の減少
建設産業の魅力不足
（魅力＜活動負担）
建設産業の魅力の
ＰＲ不足
休みが少ない
社会的地位低い
修業期間長い
技能習得がきつい
労働時間が長い
朝早く、夜遅い
職が安定しない
3K厳しい
（きつい汚い危険）
やりがい実感の
機会が希薄
給料が安い
収入が安定しない
福利厚生が悪い
人づくり
新・担い手三法
（技能評価等）
けんせつ
小町活動
PR
活動

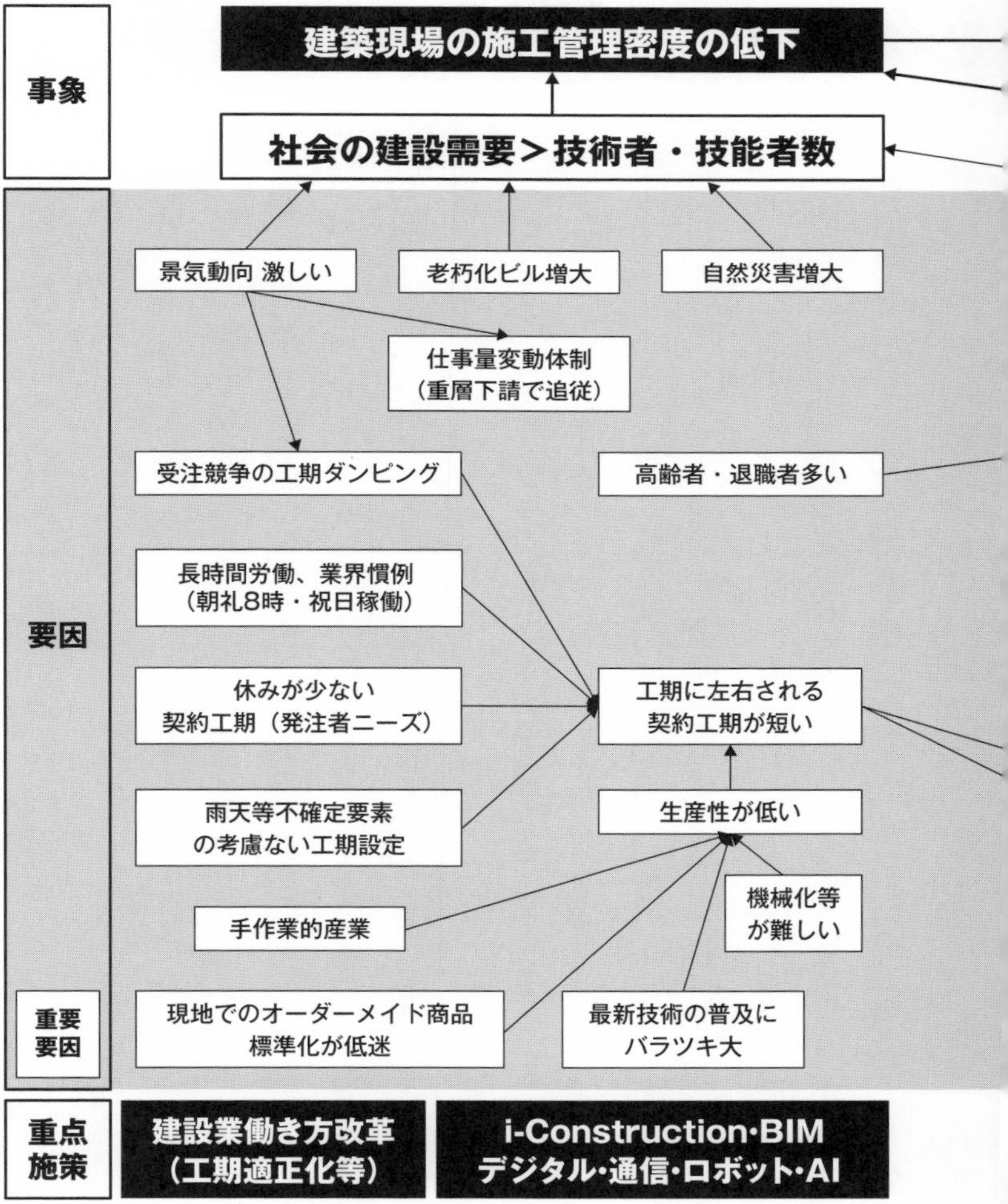

図表 5-4 建設業の課題連関図

建設業の大きな課題の一つに「働き方改革」がある

所できる適正な工期を確保すること（改正建設業法、著しく短い工期の請負契約の禁止）を強力に推進している。それには建築主側が法改正の主旨に対する理解を示すことも重要である。現状は、少なくとも個々人が4週8休を取得できるようにすることにも注力し、労働時間の短縮を図っている。

稼働日や稼働時間の慣習の変革による低減と、それに伴う収入激減対策も徐々にではあるが定着している。

建築現場における「生き方・働き方」を「モノ・コト」と「心」のX軸、「量」と「質」のY軸によって4象限に分け、具体的な構成要素の関連性を整理した（図表5-5）。すると問題は、「モノ・コト」の「量」にあることが分かった。特に業務の量・偏りによる過剰な総労働時間は、「WLB／ワークライフバランス」に大いにかかわり、「心」の「質」を左右する「モチベーション・志気」の維持や「成長・貢献実感」に直結する。他の象限との関連性を考慮しながら、「やりがい」とか「建築することの魅力」とは何かを追究することが喫緊の課題である。

「あるべき働き方」とは、どのようなイメージだろうか。身体的・精神的拘束時間とやりがいについては、二極論でなく程度問題を議論の対象にする必要がある。一方を犠牲にするジレンマ問題ではなく、いずれも許容範囲の中で、自分のやりたいことを、自主性を持って成長しながら働くことこそが健全であると考える。

建築現場の「やりがい」は、繰り返すが、そもそも「建築をつくることは楽しい」ということが原点にある。やりがいありと実感するならば、それを覆っている現状の時間的・身体的な負担をなくしていけば、おのずと「やりがい」の方が際立ってきて、健全な働き方になっていくと想像するのである。本書が発行されてから5年後くらいには、「そんな時代もあったね」と懐かしがられるほど、働き方が改善されていることを固

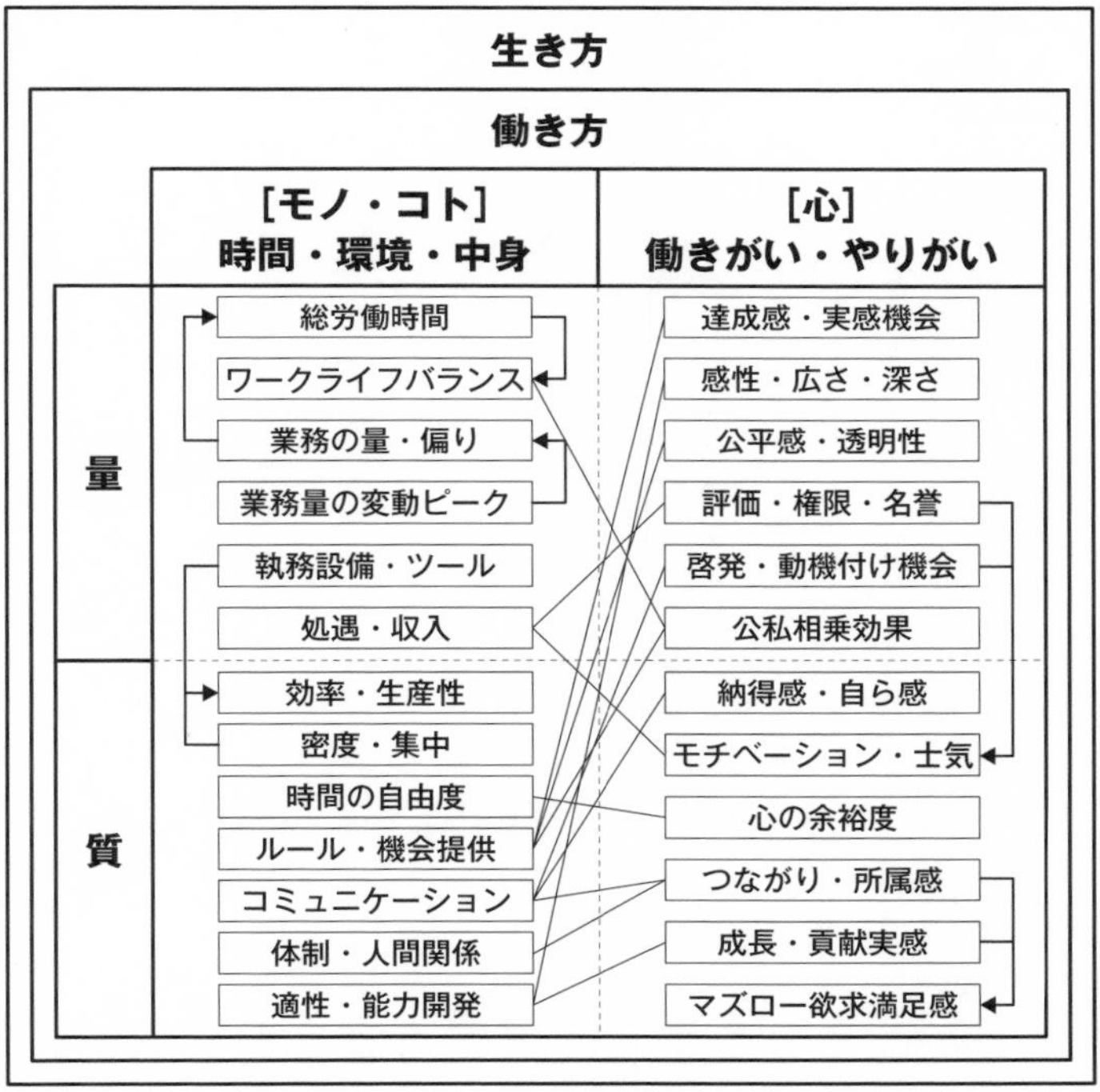

図表 5-5 「働き方」の構成要素

働き方を構成する要素は多種多様であり、個人的なとらえ方も多様性がある

く信じている。

日本の高度成長期から21世紀初頭の労働価値観は、経済的利益、会社への従属感・協調性、競争原理、人との必要以上なお付き合いを重視してきた。一方、10代・20代のZ世代の価値観は、充実した人生、協創性や相互シェア、自己成長と貢献、ネットでのつながりなどを大事にするように変わっている。今後も時代とともに働くことへの意識が変動していくと考えられる。その時代ごとに適合する価値観に照らして、「やりがい」や「楽しさ」があり、選ばれる建築現場になるように、個人も会社も業界も、さらには経済界や行政・政治に至るまでも、進化し続ける努力をしなければならない。

4 施工マネジメント人材成長の早期化・高度化による斯道の持続的進化　人が建築現場を進化させる

過去は建築現場のノウハウを「見て・盗む」ことに時間を要する時代だった。これからは、より早く成長でき、同じ経験年数ならば、より高度化する時代に変わっていかなければならない。本書により能力体系を整理し形式知化したことが、「施工マネジメント」における「枠組み」となり、読者の一人ひとりが洗練された「人財」に育っていくことを確信している。そして、その「人財」が、「他にこれもある、あれもある」、「もっと根本にはこれがある」と、より広がりのあるクリエイティブな対話の世界を創造していくことを期待したい。

コツや勘、心掛けといった属人的な技能においても、「私の方が上だ」「いや、こっちの方が重要だ」などと異論・反論によるブラッシュアップが活発になることを願っている。そうして蓄積されたノウハウは、間違いなく後進の成長の糧となり、私たちの斯道、「施工マネジメントの仕事」は、持続的に進化する礎になってくる。

今やデジタルがもたらすDXの渦中ではあるが、いずれ数年後には成熟期となる。施工マネジメントの本質は、「何を目標とするのか、何が役割なのか」にある。

私たちが本当にやらなければならない、存在意義のある能力は、最後まで形式知化できない属人的な部分であり、技能的なコツであるかもしれない。「心の底から湧き上がる感情」や「したいと思う欲求」に裏打ちされた、熱い想いや情熱が、施工マネジメントの現場では、人間としての存在意義であり、アイデンティティである。より美しく、より機能的な、よりコストパフォーマンスの良い建築をつくること。人々が感動する建築をつくること。つくる人がやりがいや心の豊かさを実感できる建築現場をつくること。そこに挑戦し続けることが「施工マネジメントの永遠の進化」と考える。

人は感情を持ち、クリエイティブなイマジネーションを持っている。時代が変わってもこのことは不変であり、ＡＩやロボットにはない資質である。人を通して建築をつくり上げることは永遠に変わらない。

ＤＸの波に飲み込まれ、本質論が忘れ去られないように、必要な能力を研ぎ澄まし、伝承していくことが、私たちの責務であると断言したい。

おわりに

いかがでしたでしょうか。

建築生産における施工マネジメント業務は、かつてないほど、人と最先端テクノロジーの共存で成り立っています。しかし、その比率は近未来においても、1対1、いやそれ以上に人への依存度が高い状態が続くと思っています。

以前は、「修業のもとで培った貴重な勘やコツ」は暗黙知としてベールに包まれ、継承が極めて難しい領域に属していました。私はそこにメスを入れ、普遍的な原理・原則として体系化し、形式知化することに挑戦しました。

本書に書き著した内容は、50年にわたる様々な知見や多くの資料・文献を参考にしました。特に永年勤務してきた竹中工務店での建築現場の経験、一般社団法人 日本建設業連合会での関係各社の皆さんとの世代を超えた議論の末にたどり着いた考え方・ノウハウ・スキルのエッセンスです。

読者層は、建築現場での若手・中堅の施工管理技術者を想定していますが、人材育成や経営管理を担当されている方々にも幅広く御一読いただきたいと考えています。

「建物をつくる」とは、まず建築物そのものの特徴を見極めること、次に多くの人たちが集合して初めて成り立つ組織を理解すること、そして不測の事態も多く発生する中で要求通りにものづくりを完成させることだと思います。そこに求められる能力とは、ハードマネジメント力とソフトマネジメント力であること、とりわけ中堅社員以上にはソフトマネジメント力の重要度が増していくことを示しました。

施工マネジメント業務は「人」が中心に行うことなので、本書で示したことを最高のパフォーマンスで実行しても失敗することがあります。それは当然です。しかし、失敗したことが悪いということではありません。失敗を恐れず最善を尽くすことこそ得るものが多く、充実感に満ちた貴重な経験になると思います。目標に向かって最善を尽くさず、逃げたり、遠慮したり、言い訳したり、悔いが残り続けることが不幸なのです。松下幸之助の言葉を借りれば、「失敗はそこでやめれば失敗だが、成功するまで続ければ通過点であり、失敗ではない」のです。建築現場は「情熱を持ってベストを尽くせる場」「携わる者が活き活きと働ける場」「優れた施工マネジメントが人を成長させる場」であると確信しています。

最後になりますが、施工マネジメントに関する勉強会に参画し、議論を重ねてきた貞永誠さん、堀江邦彦さん（竹中工務店）には、執筆にあたり多大なご協力と、読者の目線に立った的確なアドバイスをいただきました。出版にあたっては、編集部の大塚由希子さんにご協力をいただきました。関係者の皆様に、この場を借りて心より感謝申し上げます。ありがとうございました。

2024年4月

木谷 宗一

著者略歴

木谷 宗一（きや そういち）

一級建築士、1級建築施工管理技士。１９５２年6月1日生まれ。

１９７１年竹中工務店入社、作業所、竹中技術研究所、東京本店技術部、作業所を経て、生産本部建築技術部長、同本部技術管理部長、同本部専門役を歴任。２０１８年3月退社。２０１８年ＴＡＫエンジニアリング入社、２０２１年3月退社。

主な担当プロジェクト◉新宿住友ビル、朝日生命多摩本社ビル、東京都臨海副都心清掃工場、宮城県総合プール、大館樹海ドームほか16プロジェクト

業歴◉早稲田大学（２００５）、東京工業大学（２００５〜２０１１）、ものつくり大学（２０１７〜２０１８）非常勤講師、日本建設業連合会建築生産委員会施工部会長（２０１２〜２０１９）、特別委員（２０２０）、日本建築士会連合会監理技術者講習会テキスト作成部会委員・講師（２０１４〜２０２４）、東京大学（Ｔ-ＡＤＳ）デジタルファブリケーションによるパビリオン製作（２０１５）、日建連施工部会「建築工事適正工期算定プログラム」開発（２０１６〜２０１９）、同部会「作業所長による生産性向上に関する講演会」開催（２０１６〜２０１９）、ＪＩＣＡミャンマー技術者・技能者への建築生産・施工技術教育（２０１７〜２０１８）、シンガポールBCA Academyでの「建設生産性に向けた先進技術」講演（２０１７）、未来投資会議「ＩＣＴ活用等によるインフラの生産性と機能について」委員（２０１７）、官庁営繕事業「生産性向上技術の導入検討委員会」・中央建設業審議会「工期に関する基準」専門委員（２０１９〜２０２０）

受賞◉プロジェクト活動における建設大臣賞（１９９３）、労働大臣賞（１９７６年他、計4件）、ＢＣＳ賞（１９７５年他、計5件）、「体験型研修施設による建築技術者の育成および 教育関係者・学生への『建築』研修プログラムの実施」における日本建築学会教育賞・日本能率協会KAIKA賞（２０１５）、「学生と若手技術者が共に学べる建築生産教育の取り組み」日本工学教育協会経済産業省産業技術環境局長賞（２０２４）

著書◉『施工がわかるイラスト建築生産入門』『穴埋め式施工がわかる建築生産入門ワークブック』『The Japanese Building Process Illustrated 英訳 施工がわかるイラスト建築生産入門』（監修、彰国社）、『建築現場ものづくり魂！』（彰国社）、『発注者・設計者・監理者・施工者のための建築技術者が知っておきたい施工の心得』（共著、日本建築士会連合会）

引用・参考文献

木谷宗一著、イラストレーション 川崎一雄『建築現場ものづくり魂』彰国社、２０２１

◉はじめに

西岡常一『宮大工棟梁・西岡常一「口伝」の重み』日本経済新聞社、２００５

◉1章

日本規格協会　ＩＳＯ９０００

森和夫『技術・技能論　技術・技能の変化と教育訓練』大妻女子大学人間生活文化研究所、２０１８

ジェイムズ・Ｆ・オゴーマン著、安井正翻訳『建築のＡＢＣ』白揚社、２０００

◉2章

藤井清・町田彰一郎『法則・公式・定理雑学事典』日本実業出版社、１９８３

細谷克也『ＱＣ的ものの見方・考え方』日科技連出版社、１９８４

日本規格協会　ＩＳＯ９０００

『建築技術　No.871』「スケッチコミュニケーション」建築技術、２０２２

彰国社編『建築施工計画図の描きかた』彰国社、１９９０

◉3章

日本建築学会　ＪＡＳＳ５

日沖健『戦略的事業撤退』ＮＴＴ出版、２００２

小倉仁志『なぜなぜ分析10則　真の論理力を鍛える』日科技連出版社、２００９

◉4章

長町三生『安全管理の人間工学』海文堂出版、１９９５

畑村洋太郎『失敗学のすすめ』講談社、２０００

池田貴将『タイムマネジメント大全　24時間すべてを自分のために使う』大和書房、２０２１

小川三夫・塩野米松『棟梁　技を伝え、人を育てる』文藝春秋、２００８

稲盛和夫『図解　働き方』三笠書房、２０１６

エイミー・Ｃ・エドモンドソン著、村瀬俊朗著、野津智子翻訳『恐れのない組織「心理的安全性」が学習・イノベーション・成長をもたらす』英治出版、２０２１

◉5章

木谷宗一『公共建築　Vol.61』「平成時代の建築生産の変遷」公共建築協会、２０１９

日本建築士会連合会『監理技術者テキスト２０２３年版』

丸ごと1冊英語の本！

The Japanese Building Process Illustrated
【英訳】施工がわかるイラスト建築生産入門

一般社団法人 日本建設業連合会編　イラスト 川﨑一雄　A4判・208頁

オモシロ語源が満載！

学校では教えてくれない　施工現場語読本

秋山文生　四六変形判・192頁

若手技術者必読！

写真でわかる　建築施工管理のチェックポイント

逸見義男・鈴木康夫・塚本正己監修　建築施工管理研究会著　B5判・124頁

建築生産の知識を俯瞰できる決定版！

図表でわかる　建築生産レファレンス

佐藤考一・角田誠・森田芳朗・角倉英明・朝吹香菜子　四六判・224頁

力だめしができるテキストブック！

穴埋め式　施工がわかる建築生産入門ワークブック

一般社団法人　日本建設業連合会編　イラスト 川﨑一雄　A4判・152頁

チームを活かす　建築現場の施工マネジメント入門

2024年6月10日　第1版　発　行

著作権者との協定により検印省略

著　者　木　谷　宗　一
発行者　下　出　雅　徳
発行所　株式会社　彰　国　社
162-0067　東京都新宿区富久町8-21
電　話　03-3359-3231(大代表)
振替口座　00160-2-173401

自然科学書協会会員
工学書協会会員

Printed in Japan

印刷：壮光舎印刷　製本：ブロケード

ISBN 978-4-395-32206-0　C3052　https://www.shokokusha.co.jp